Gilles Leblais

Wilde Ecken und Totholz im Garten

Wertvoller Lebensraum
für mehr Artenvielfalt

ulmer

Gilles Leblais

WILDE ECKEN UND TOTHOLZ *im Garten*

Wertvoller Lebensraum
für mehr Artenvielfalt

Aus dem Französischen
von Sabine Hesemann

INHALT

DAS GLEICHGEWICHT WAHREN

Naturbeobachtung, das bedeutet in erster Linie Begeisterung dafür, die Beziehungen zwischen allen Lebewesen kennenzulernen. Man wirft einen liebevollen Blick auf die Welt, die uns umgibt, und unser Auge wird zum wissenden Übermittler, der in unserer Seele etwas berührt. Wir Menschen gehören zu dieser Welt der Lebewesen um uns herum, als einfache Spezies unter vielen. Aber wir sollten mit der natürlichen wilden Umwelt im Einklang stehen, da sie doch nur mit uns zusammen wirken möchte, bis in unsere Gärten hinein.

Unausgesprochenes Einverständnis, vor allem mit der Welt der Bäume, ist der Schlüssel zu unserer Integration in die unberührte Natur. Menschen müssen die Bäume behüten, sie respektieren und ihnen dankbar sein. Man könnte den Baum als das wichtigste Bindeglied zwischen Himmel und Erde ansehen, und er ist eines der am höchsten entwickelten Lebewesen des Pflanzenreiches.

In der lebendigen Welt dreht sich alles um Leben, Tod und Wiedergeburt, denn das, was vom Baum herabfällt, kommt zu ihm zurück, und so wird das Gleichgewicht gewahrt. Genau das ist es, was der Mensch verstehen und meistern muss, damit er wirklich im Einklang mit dem Wald vor seiner Haustür leben kann und lernt, ökologisch zu denken.

Gilles Leblais

ZUSAMMENHÄNGE VERSTEHEN

Wir wissen heute, dass unsere natürliche Umwelt am Abgrund steht, und das ist eine traurige Realität, die durch Worte nicht verändert werden kann, sondern nur durch Taten.
Mutter Natur ist in aller Munde, aber wie viele Menschen schützen sie tatsächlich? Viele gut gemeinte Ansätze bleiben ergebnislos, solange die genauen Methoden in Übereinstimmung mit der Natur noch nicht definiert sind. Das gilt besonders für Geäst und Totholz, dessen man sich gewöhnlich eher entledigt, anstatt es zu nutzen. Beginnen wir also damit, uns die absolut nötigen Kenntnisse darüber anzueignen.
Seit mehr als 40 Jahren bin ich auf einer Mission: Ich will die Natur verstehen, ich will sie kennen lernen, lieben und besser schützen – und meine Arbeit als Naturbeobachter und -fotograf in ihren Dienst stellen, damit ihre Schönheit und ihre Geheimnisse sich entdecken lassen. Aus diesem Grund war der Einsatz zuhause, direkt vor der Haustür, das beste Mittel, um lokal zu handeln und global zu denken – aus Respekt vor dem Leben.
Heute führe ich diesen Arbeitsansatz immer weiter fort, und das jeden Tag. Ich analysiere sorgfältig, was sich in den verschiedenen, in meinem Garten gestalteten Lebensräumen abspielt. Und ihr Schutz zählt zu dem Maßnahmenkatalog, den ich auf persönlicher Ebene mit den mir zur Verfügung stehenden Mitteln leisten kann. Zum Verständnis der Wechselwirkungen genügt die Beobachtung allein nicht aus. Ich denke darüber nach, stelle mir Fragen und zwinge mich, Antworten zu finden.
Dieses Buch ist wie alle anderen meiner Publikationen nicht nur für Menschen gedacht, die das Glück oder die Wahl haben, auf dem Land zu leben. Auch Stadtmenschen finden hier Anregungen zum Nachdenken und Forschen, die ihnen vielleicht niemals in den Sinn gekommen wären.
Wer sich dessen bewusst ist, dass der Mensch und die Natur sich verbünden und in Harmonie miteinander leben müssen, findet in diesem Buch sowohl die notwendigen als auch die spannenden Handlungstipps, um die Artenvielfalt um sich herum zu fördern und zu schützen.
Man muss wissen, dass die Schönheit der wilden Natur überall existiert. Es ist nicht so, dass sie sich unserem Blick entzieht; nein, unser Blick versteht sich nicht mehr darauf, sich bezaubern zu lassen. Dies wäre der erste Schritt hin zum Respekt für die Natur. Dann kann sich ein Bewusstsein entwickeln, das in der Verbrüderung aller Lebensformen gipfelt. Durch dieses Bewusstsein entsteht spontan eine Harmonie unserer Taten mit der Natur.

MEINE HECKEN
als Quelle
FÜR ALTES HOLZ

HECKEN, RÜCKZUGS-ORTE FÜR VIELE ARTEN

Alte Hecken und Baumgruppen unserer Landschaften sind bis heute in die vom Menschen gemachte Struktur eingebunden. In den meisten Fällen verlaufen seit jeher Straßen entlang der Hecken und daher ist das kommunale Straßen- und Grünflächenamt oder ein beauftragtes Unternehmen dafür verantwortlich, bruchgefährdete Bäume auszuschneiden. Man muss wissen, dass dieser Schnitt mit brachialen Maschinen durchgeführt wird und dass damit von jetzt auf gleich auch jegliche Vorteile des alten Holzes verschwinden. Und nichts davon wird der Tierwelt zur Verfügung gestellt.

Diese Feststellung brachte mich zum Nachdenken und ist einer der Gründe, warum ich in meinen verschiedenen Gärten stets lebendige Hecken und Gehölzgruppen gepflanzt habe, besonders umfangreich in meiner letzten Gartengestaltung. So erfüllen die Hecken in meinem Garten nun ihre traditionelle Funktion als Naturreservat und bis zu einem gewissen Grad auch als Vorrat von Brennholz, nützlichen Ästen, Nahrung und Medizin. Die Hecken und Wäldchen werden sich im Laufe der Zeit zu gastfreundlichen Refugien der Artenvielfalt von Säugetieren, Vögeln, Reptilien, Insekten, Spinnen und der reichen Halbschatten-Flora der Felder und Wälder entwickeln. Langfristig werden meine Baum- und Strauchpflanzungen den Garten zu einem hoch entwickelten Ökosystem machen.

Wie in der umliegenden Landschaft werden die Insekten in meinem Garten die Blätter zernagen, Singvögel werden die Insekten fressen und der Sperber die Vögel jagen. Die Feldmäuse als Feinschmecker von Gräsern und anderen Pflanzen werden zur Beute des Waldkauzes, des Turmfalken, von Mauswiesel oder Hermelin. Alle haben ihren Platz in der Nahrungskette und je vielfältiger meine Hecken und Baumgruppen werden, je reicher das Leben dort wird und je mehr totes Holz ich dort finde, umso besser.

Weiblicher Buntspecht und Tannenmeise auf einem alten Baumstumpf.

Hermelin und Mauswiesel – gewitzte Jäger

Beides sind kleine, springlebendige Teufelchen. Als Fleisch fressende und auf die Jagd nach Kleinsäugern spezialisierte Jäger sind sie ohnegleichen, wenn es darum geht, durch die schmalen unterirdischen Gänge der Feldmäuse oder Waldmäuse zu schlüpfen. Beide Arten lieben offene Felder, Gebüsche, Hecken- und Gehölzränder, Haufen von Holz und Ästen. Man trifft sie auch in Parkanlagen und naturnahen Gärten an.

Das Hermelin oder Große Wiesel (*Mustela erminea*) lebt auch an Mauern und Steinhaufen. Zu Zeiten der Könige war sein Pelz sehr gefragt. Es wirft sich ab Spätherbst in einen weißen Mantel und man erkennt es an der schwarzen Schwanzspitze. Sein Verwandter, das Mauswiesel (*Mustela nivalis*), ist wesentlich kleiner, trägt im Winter kein Weiß und hat auch keine schwarze Schwanzspitze. Die Trennlinie der Fellzeichnung zwischen Rücken und Bauch ist nicht gerade, wie beim Hermelin.

Beide Arten hinterlassen im Schnee und auf weichem Boden eine Serie paarweiser Fußspuren, weil sich bei der Fortbewegung mit buckligen Sprüngen die Hinterpfoten in den Spuren der Vorderpfoten abdrücken. Beide Vertreter der Mustelidae verabscheuen feuchte Schlafplätze und das Mauswiesel fürchtet zudem lange Kälteperioden. Für den Winter suchen sie daher einen sicheren, für ihre Größe geeigneten, geschützten Ort auf, der gut gegen Kälte isoliert ist. Jedes Loch, das sie in ihrem Territorium finden, wird dahingehend systematisch untersucht.

❶ Kaum größer als seine Beute, ist das Mauswiesel – ein fast unsichtbarer, kleiner Fleischfresser.

❷ Auf der Jagd ist das Hermelin extrem flink.

❸ Unterschlupf für das Hermelin unter einem Haufen Äste.

Bau eines Unterschlupfs

Um einen passenden Unterschlupf zu bauen, verwenden Sie Bretter von Tanne, Kiefer oder Pappel, 1,5 bis 2 cm dick. Halten Sie sich an die Maße des Bauplans, vor allem beim Durchmesser des Eingangslochs von 4 cm für das Hermelin und 2,5 cm für das Mauswiesel. Es kann rund mithilfe eines Bohrers oder quadratisch mit der Säge angefertigt werden. Es muss gefeilt und geschmirgelt werden, damit die Kanten ganz glatt sind und sich der künftige Bewohner nicht verletzt oder der Fettfilm seines Pelzes abgestreift wird.

Das Zuhause wird stabil aufgestellt, der Boden darf dabei keinesfalls direkt auf der Erde stehen. Das hat zweierlei Vorteile: Schutz vor Verrottung und bessere Wärmeisolation. Man kann den Unterschlupf in einer dichten Hecke, unter einem Haufen Zweige oder unter einem Gehölz am Rand des Gartens platzieren, oder für das Hermelin auch in eine Trockenmauer oder unter einen Steinhaufen.

1

2

3

UNTERSCHLUPF FÜR HERMELIN ODER MAUSWIESEL

Die Position der Bretter ist identisch, aber die Maße unterscheiden sich je nach Tier: Für das Hermelin gelten die Maße in Grundschrift, für das Mauswiesel die kursiven, jeweils in cm.

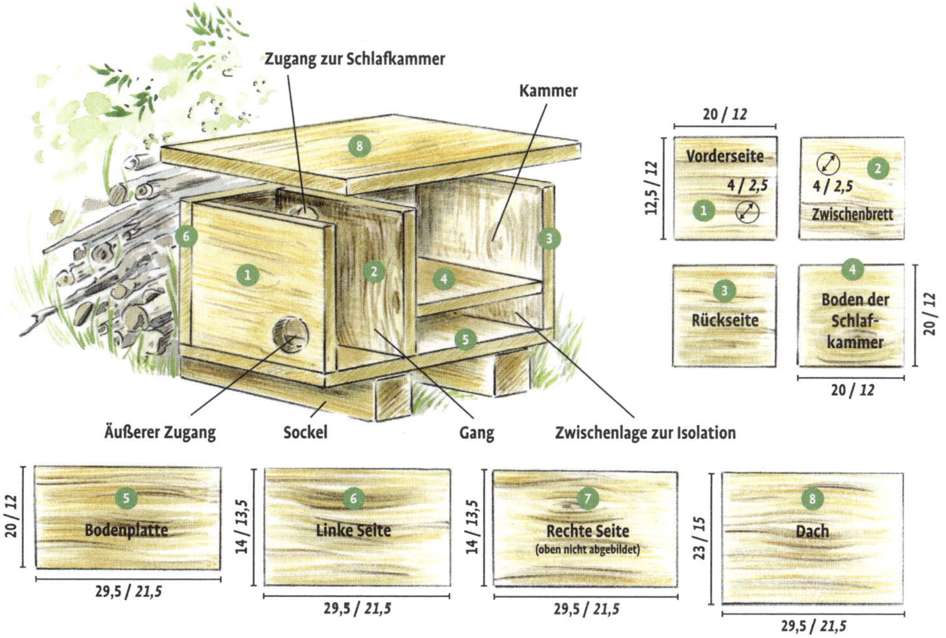

TOTHOLZ ODER EINEN ERSATZ DAFÜR SCHAFFEN

Unzählige Tiere, Pilze oder Pflanzen nutzen während ihres Lebens zeitweise abgestorbene Bäume. 39 % der Vögel brüten in Höhlen, zudem findet man 35 Arten von Säugetieren, 8 Arten von Amphibien und Reptilien und zahlreiche Schnecken (Gastropoda). Mindestens 4500 Insektenarten in Deutschland leben von totem Holz und tragen damit zur Zersetzung des Holzes und Düngung der Waldböden bei. Alte Bäume und totes Holz sind von grundlegender Bedeutung für das Gleichgewicht in unseren Wäldern. Etwa 20 bis 40 % der Vielfalt des Waldes hängen zeitweise von alten Bäumen und Totholz ab. In den meisten der wirtschaftlich genutzten Wälder fehlt das Totholz aber komplett. In naturbelassenen Wäldern ist es dagegen sehr viel häufiger zu finden. Lassen Sie abgestorbenes Holz in Ihrem Garten unbedingt liegen und pflegen Sie ihn auf möglichst natürliche Weise!

GÄSTEZIMMER FÜR WILDTIERE

Egal, ob sie den Winter schlafend verbringen oder weiter vor sich hin knabbern, die Kleinsäuger benötigen sichere Verstecke als Schutz vor der Kälte oder vor Fressfeinden. Seit ich mit diesem Garten lebe, ist mir klar, dass man den Mangel an Höhlen in den Bäumen kompensieren muss, indem man Unterschlupf und Nistplätze für den Zeitpunkt baut, bis die Hecken und Gehölzpflanzungen gut gewachsen sind. Ich habe auch Nistkästen für die Vögel in den Hecken, Wäldchen und anderen Gehölzen aufgehängt, auch wenn die höchst komfortablen Höhlen nichts anderes als künstliche Löcher in den Bäumen sind. Wildtiere, die im Garten auf Entdeckungstour gehen, finden diese Schlafplätze, während sie die Hecken und Baumgruppen durchstreifen. Im Laufe der Zeit nutzen sie sie als Schlafplatz und Deckung. Manchmal werden die Plätze je nach Jahreszeit von verschiedenen Arten bewohnt. So habe ich in einem Frühling einmal ein Pärchen Rotschwänze beobachtet, das sein Nest im Winterlager des Eichhörnchens angelegt hatte. Diese Zugvögel sind scheinbar wenig wählerisch, wenn es um die Nisthöhle geht.

Vögel und Säugetiere lieben natürliche Höhlen in Bäumen:

1 Eine junge Tannenmeise (*Periparus ater*) am Eingang zum Nistplatz.

2 Rötelmaus (*Myodes glareolus*).

3 Gelbhalsmaus (*Apodemus flavicollis*), eine echte Kletterkünstlerin.

4 Rotkehlchen (*Erithacus rubecula*) auf der Suche nach einem kältegeschützten Platz für die Nacht.

5 In einem Garten dienen Nistkästen als wertvoller Höhlenersatz. Hier ein davonfliegender Star.

EINE VIELBESUCHTE HÖHLE

Höhlen in alten Bäumen sind für zahlreiche Tierarten attraktiv. Dazu gehören einige Säugetierarten, aber auch viele Höhlenbrüter, die in der Dunkelheit nisten. Während ich manche der in meinem Garten vorhandenen Höhlen beobachtete, fiel mir auf, dass auch einige Arten von Sperlingsvögeln, die gewöhnlich unter dem freien Himmel nisten, von Zeit zu Zeit und je nach Jahreszeit einen näheren Blick in die Höhlen werfen. Vielleicht schlüpfen sie aus Neugier auch ins Innere, als würden diese Löcher in den Bäumen ihrem Entdeckungseifer oder der Nahrungssuche dienlich sein. Diese Feststellung brachte mich dazu, möglichst viele alte Baumstümpfe und tote Baumstämme mit Höhlen in meine Hecken und Baumgruppen zu integrieren, teils auch einzugraben, damit ein altes Grundgerüst entsteht. Ich konnte dadurch auch verfolgen und fotografieren, welche Anziehungskraft eine dieser Höhlen auf Vögel und andere neugierige Besucher hatte.

Vor derselben Höhle:
1 Mönchsgrasmücke
2 Haussperling
3 Rotkehlchen
4 Kleiber
5 Gelbhalsmaus
6 Zaunkönig

2

3

4

5

6

Liebhaber von Höhlen aller Arten!

Der liebliche **Gartenrotschwanz** (*Phoenicurus phoenicurus*) zählt zu unseren schönsten Singvögeln. Das Männchen ist besonders bunt. Als Zugvogel kehrt das Rotschwänzchen im April-Mai aus Afrika zurück und fliegt zwischen Mitte August und Mitte Oktober wieder davon. Scheu und unauffällig lebt es in Laub- oder Mischwäldern, auf Lichtungen, in Obstplantagen, Parks und Gärten, wo alte Bäume und Sträucher von offenen Wiesen umgeben sind, auf denen es nach Insekten jagen kann. Es erspäht seine Beute von einem nicht zu hoch gelegenen Ansitz aus, fängt sie dann am Boden oder schnappt sie im Flug.
Gewöhnlich sind es Schmetterlinge (Eulenfalter und Spanner) und oft auch Raupen (Spanner und Wickler). Gartenrotschwänze jagen auch Zweiflügler, Käfer wie den Junikäfer (Gerippter Brachkäfer) und Hautflügler, außerdem Spinnen, Tausendfüßer, Würmer und kleine Nacktschnecken. An Beeren fressen sie vor allem Holunder, Felsenbirne und Blutroten Hartriegel.

Günstige Bedingungen schaffen
Die Art wird in vielen Regionen selten, weil die alten Bäume gefällt werden. Als Höhlenbrüter nisten Rotschwänze in ausgehöhlten Bäumen oder Löchern von Mauern, meistens mindestens 3 m über dem Boden. Der Vogel bevorzugt Höhlen mit ovalen Einfluglöchern. In meinem Garten nimmt er Nistkästen aller Art an:
Aus Holz oder anderem Material, mit Vorsprung, in Briefkastenform, halboffen, Blumen- sowie Terrakottatöpfe – oder auch den Unterschlupf des Eichhörnchens oder den Nistplatz des Wiedehopfs. Ich habe ihn auch schon in einer Öffnung eines alten Mäuerchens oder in Löchern von Mauern entdeckt.

1

2

3

1 Junge Gartenrotschwänze am Flugloch eines Kastens mit Vorsprung.

2 Weiblicher Gartenrotschwanz vor dem Eingang eines meiner Eichhörnchen-Kästen.

3 Männlicher Gartenrotschwanz am Einflugloch eines Terrakotta-Topfs.

Ein Eichhörnchen beherbergen

Eichhörnchen (*Sciurus vulgaris*) sind unsere schelmischsten Gartennachbarn. Ab Herbst sind sie ständig aktiv, um Reserven anzulegen, vor allem Fettreserven gegen winterliche Kälte, indem sie sich den Bauch mit Nüssen, Eicheln und den Samen der Koniferen vollschlagen. Aber der rote Kobold mit dem buschigen Schwanz sammelt auch Vorräte für schwere Zeiten. Er versteckt Nüsse und andere trockene Früchte in der Erde oder sammelt sie in Löchern von Bäumen. Das Eichhörnchen hält keinen Winterschlaf und bedient sich dieses Vorrats, wenn der kalte Nordwind hereinbricht. Geschickt und raffiniert macht es sich als Langfinger auch ungeniert über die Sonnenblumenkerne am Futterplatz der Vögel her, oder es zieht bei schlechtem Winterwetter zum Schutz in einen Nistkasten oder ein altes Baumloch ein.

Eichhörnchen bauen auch kugelrunde Kobel hoch oben in den Zweigen der Bäume. Es gibt ein Hauptnest, worin es schläft und seine Jungen aufzieht, und kleinere, schlampiger gebaute Zweitnester, worin es ruht und Unterschlupf sucht. Das Eichhörnchen verwendet die Zweige und auch Laub des Baums, um die Wände zu konstruieren, damit eine robuste und stabile Struktur entsteht. Innen ist das Nest mit Material ausgekleidet, das die Eichhörnchen sorgfältig kleingenagt haben, zum Beispiel getrocknete Gräser, trockenes Laub und Rindenstücke.

Einen Unterschlupf bauen

Ein hölzerner Unterschlupf sollte mindestens 30 cm breit und 40 cm hoch sein. Am besten wären zwei Schlupflöcher von 7 cm Durchmesser, um den Nager zufriedenzustellen. Beide sollten versetzt vorne oben und seitlich unten rechts platziert sein.

1

2

❶ Winternest für das Eichhörnchen in der Krone einer Eiche.

❷ Eichhörnchen zu Gast am für den Waldkauz gedachten Nistkasten.

❸ Junges Eichhörnchen verspeist eine Walnuss.

❹ Eigens für Eichhörnchen gebauter Kasten mit zwei asymmetrisch platzierten Löchern in der Vorderseite und der rechten Wand.

Ein Zuhause für den Siebenschläfer

Mit seinem buschigen Schwanz und den Knopfaugen ähnelt der Siebenschläfer (*Glis glis*) einem kleinen Eichhörnchen, doch im Unterschied dazu hat er einen seidigen grauen Pelz und einen samtigen, mehrfarbigen Schwanz. Wie das Eichhörnchen ist auch der Siebenschläfer ab September sehr mit dem Fressen beschäftigt. Er stopft sich mit Früchten und Samen voll, die sehr zuckerreich sind, was der Nager in Fett umsetzt. Diese Reserven braucht er langsam während des Winterschlafs auf, der im Oktober beginnt. Der Siebenschläfer profitiert von seinen Streifzügen durch Wald und Obstgärten, um den idealen Platz für den langen Schlaf zu finden. Das kann eine Aushöhlung in einem knorrigen Baum sein oder ein Loch in Felsen. Es kann auch passieren, dass er in einer Gartenhütte oder Anbauten einzieht. Der graue Kobold nimmt alle möglichen Plätze in Beschlag und verschmäht auch die Nistkästen der Vögel nicht, die seit dem Spätsommer leer stehen, sofern das Einflugloch nicht zu klein ist.

In der Praxis

Wenn es in Ihrem Garten keine derartigen Plätze gibt, Sie dem kleinen Säugetier aber ein Zuhause bieten möchten, hängen Sie ihm einen passenden Schlafplatz auf. Er liebt ausgehöhlte Stammabschnitte mit einem Innendurchmesser von mindestens 15 cm. Es kann aber auch ein rechteckiger Kasten von 15 × 15 cm Grundfläche und 35 cm Höhe sein. Der Schläfer bevorzugt ein 5 cm breites Loch auf der Seite, weil das vom Baumstamm aus besser zugänglich ist.

1 und 2 Der Siebenschläfer legt seinen Schlafplatz in Höhlen von Bäumen und in Nistkästen an.

3 Siebenschläfer, der sich gut in seinem Nest in einem ausgehöhlten Stamm verkrochen hat.

STAATENBILDENDE WESPEN

Verschiedene Wespen und Hornissen errichten ihre Nester stets geschützt. Die **Gemeine Wespe** (*Vespula vulgaris*) und die **Hornisse** (*Vespa crabro*) bevorzugen die hölzerne Unterseite eines Daches, aber auch hohle Bäume und Nistkästen im Garten. Im Spätherbst sind diese Pappmache-Nester leer, weil nur die Königinnen überwintern. Nun kann man die Nester gefahrlos betrachten. Die Bauten sind aus zerkauten Holzfasern errichtet, bestehen aus mehreren geschichteten Lagen aus zahlreichen Zellen und diese Konstruktion ist ummantelt, mehr oder weniger rund und nach unten offen. In der Kartonstruktur ist viel Luft eingeschlossen, was zu Leichtigkeit, Festigkeit und extrem guter Isolation führt.
Diese ungeliebten Tiere sollten als Nützlinge und nicht als Schädlinge betrachtet werden. So können wir diese Lebewesen besser akzeptieren, auch direkt vor unserer Haustür. Als „Weckruf" sollten wir daran denken, dass die Hornissen bestäuben, abgestorbenes Holz und reife Früchte recyceln, und vieles mehr, außerdem jagen sie große Beute wie andere Insekten und kleine Tierchen. Ein Stich wäre zwar schmerzhaft, ist aber nicht schlimmer als ein Wespenstich.

1 Hornissen hebeln mit Hilfe ihrer Mundwerkzeuge Totholz ab.

2 Hornissennest in einer Aushöhlung einer alten Weide.

3 Wespe bei der Ernte von morschen Holzstückchen.

EIN REICHES BIOTOP

In alterndem Holz und Totholz entstehen verschiedene Lebensräume, die von unterschiedlichen pflanzlichen Organismen, den **Epiphyten*** besiedelt werden. Dazu gehören verschiedene Moose und Farne. Aber auch die Fauna in Höhlen und Ritzen sowie Fauna, die sich von absterbendem oder totem Holz ernährt, die so genannten **saproxylophagen*** Arten, finden hier ihre Nische. Diese absolut bemerkenswerte, einzigartige Artenvielfalt besiedelt und zersetzt das Holz und ist reich an unterschiedlichen Formen hochspezialisierten Lebens. Die Arten ernähren, verstecken oder vermehren sich im Holz. Am Ende der Zersetzung steht Humus, der den Boden düngt.

Feuchtigkeit begünstigt zunächst die Bildung **mikroskopisch kleiner Pilze**, die die Rinde weich machen und aufzehren. Nun können Insekten ihre Gänge bohren und Eier ablegen. Danach nisten sich Ameisen und Hirschkäfer im verrottenden Holz ein. Die Anwesenheit dieser Insekten lockt **Amphibien** wie Kröten und Frösche, aber auch die eher verborgen lebenden Salamander an. Die Insekten sind aber auch verlockend für kleine **Nagetiere** wie Wald- und Feldmäuse, die wiederum für **Fleisch fressende Kleinsäuger** wie das Hermelin und **Reptilien** wie Nattern interessant sind. Größere Tiere wie Fuchs und Dachs kommen auf der Suche nach Mäusen und Insektenlarven an den abgestorbenen Bäumen und alten Baumstümpfen vorbei.

* Die Begriffe mit Sternchen (hier z. B. „Epiphyten") werden im Glossar (Seite 127) erläutert.

1 Abgestorbenes Holz dient Organismen wie Pilzen und Moosen als Lebensraum.

2 Engelsüß (Gewöhnlicher Tüpfelfarn) und Efeu wachsen auf einem alten Stamm.

MOOS„KISSEN“

Leucobryum glaucum, das **Gemeine Weißmoos** oder **Ordenskissenmoos**, ziert den winterlichen Waldboden mit Tupfen grüner Kissen. Es ist in Laub- und Nadelwäldern auf feuchten Waldböden sehr verbreitet, man findet es aber auch in Parks und großen baumreichen Gärten als Indikator für sehr saure Böden. Aus diesem Grund gedeiht es besonders oft in bodensauren Eichen- und Birkenwäldern, wo es sich vegetativ durch abgetrennte Triebe vermehrt. In wenig begangenen Wäldern stehen die dichten, halbkugeligen Kissen des Weißmooses dicht beieinander als Bodendecker, teils sogar bis an die Stämme. Die Mooskissen messen bis zu 20 cm in der Breite, sind außen weißlich bis bläulich grün und zur Mitte hin heller. Bei feuchtem Wetter hat das Moos eine charakteristische gräulich grüne Farbe, die man bei keinem anderen Moos findet.

1

VERBORGENE ASSELN

Kommen wir nun zu den Tieren, für die sich kaum jemand interessiert. Sie leben im Falllaub und unter dem Totholz unserer Holzhaufen und Wälder, aber diese landlebenden Krebstiere kommen auch gerne unter den Blätterteppich unserer Gartenhecken und Gehölzpflanzungen, in den Kompost, unter Steine und an den Sockel von Mauern. Die meisten Arten sind im Garten vertreten, darunter die **Kellerassel** (*Porcellio scaber*) und die **Mauerassel** (*Oniscus asellus*). Letztere verlaufen sich bei Kälte im Spätherbst auch in unsere Häuser. Bei Einbruch der Nacht gewöhnlich aktiver, bleibt diese Art in einem Zustand der Starre in ihrem Unterschlupf, sobald die Temperaturen zu frostig werden. Es ist auch nicht selten, dass man an den bevorzugten Plätzen zahlreiche Exemplare dicht beieinander findet.

2

❶ Dichte, halbkugelige Kissen des Ordenskissenmooses können unter den Birken in Naturgärten gedeihen.

❷ Mauerasseln lieben pflanzliches Material, das sich in Zersetzung befindet, hier im Kompost.

❸ Die Holzbiene beim Bohren eines Lochs als Unterschlupf in abgestorbenem Holz.

Ihr gepanzerter Körper schützt sie zwar in gewissem Maße vor Austrocknung, doch große Trockenheit vertragen sie nicht. Während des Tages entfernen sie sich selten von feuchten Stellen, vor allem im sich zersetzenden Pflanzenmaterial oder unter Rinde, Steinen etc. Sie ernähren sich von sich zersetzendem pflanzlichem Material, Algen, Bakterien und Schimmel, aber auch von tierischen Überresten.

BEEINDRUCKENDE HOLZBIENE

Als sehr verbreitete Art lebt die **Holzbiene** in verschiedenen Lebensräumen, darunter Parks und blühende Gärten. Mit wissenschaftlichem Namen heißt sie und ist als Hautflügler an ihrer Größe und Färbung gut zu erkennen. Die Flügel sind braun mit violettblauem Schimmer, der Körper und die Beine braun behaart. Die Holzbiene ist eine sogenannte Solitärbiene. Trotz ihres raschen, laut brummenden Flugs und der beeindruckenden Gestalt ist sie absolut friedlich. Man nennt sie Holzbiene, weil sie ihr Nest in das Holz gräbt. Dieser Bestäuber besitzt einen besonders kräftigen und gut entwickelten Rüssel. Das gilt auch für die Mundwerkzeuge, wodurch sie ins Holz bohren kann, um das Nest für ihre Eier in Form eines zylindrischen Gangs mit Kammern anzulegen. Die Biene füllt jede Kammer mit Nektar und Pollen, legt ein Ei hinein und verschließt sie mit einem Speichel-Holzspäne-Gemisch. So baut sie gut 10 Kammern nebeneinander. Manchmal nutzt die Biene natürlich vorhandene Gänge, was ihr die Mühe des Bohrens erspart.
Sie ernährt sich von Nektar und besucht vor allem Leguminosen, Lippenblütler wie Salbei und gerne auch Lavendel, um Nektar und Pollen zu sammeln. Sie ist jedoch nicht an den Transport von Pollen angepasst und kann nur etwas im Mund mitnehmen. Es sieht so aus als würde sich die Art in weiteren Regionen verbreiten und zahlenmäßig zunehmen. Diese Vergrößerung der Populationen könnte mit der Klimaerwärmung zusammenhängen.

Günstige Bedingungen schaffen

Je mehr Blumen in Ihrem Garten blühen und je mehr Totholz stellenweise im Garten liegt, desto häufiger dürften Sie diese Biene sehen. Als Faustregel gilt, dass man abgestorbene Bäume hegt, Äste und Holzhaufen aufstapelt und blühende Streifen kultiviert. Basteln Sie für die Bienen auch Nisthilfen aus Scheitholz.

Waldameisen beobachten und schützen

Je nach Situation in unseren Gärten, siedeln sich verschiedene Ameisenarten im Totholz und unter Haufen von Reisig an. Sie sind in der Lage, die Haufen völlig zu besetzen und damit eine bemerkenswerte Arbeit im Kampf gegen unerwünschte Insekten zu leisten.
Die Temperaturerhöhungen bleiben aber nicht ohne Auswirkung auf diese tierischen Gemeinschaften. Bei manchen Waldameisen zeichnen sich gewisse Tendenzen ab, die man am Ameisenhaufen ablesen kann. Die abgeflachten Haufen weisen auf Klimabedingungen hin, die manche Arten stärker begünstigen, während hoch aufragende Ameisenhaufen auf ein raueres Klima hindeuten, bei dem die Ameisen die Konstruktion ihres Nestes dahingehend optimieren, dass sie maximale Sonneneinstrahlung genießen. Dies gilt vor allem für die Morgenstunden und Lagen in Bergwäldern.
Die **Große Wiesenameise** (*Formica pratensis*), häufig an Waldrändern und Gehölzsäumen, lässt sich auch in Wiesen beobachten, siedelt sich aber auch in Gärten an, wo ihr Ameisenhaufen allerdings bescheiden ausfällt. Zudem leben im Ameisenhaufen nicht nur Ameisen, sondern auch unzählige andere Wirbellose (Larven des Rosenkäfers, Raupen von Schmetterlingen, Blattkäfer und manche Arten von Zweiflüglern und Heuschrecken), die ihr Leben ganz oder teilweise darin verbringen. Sie profitieren von den vorteilhaften Temperaturen und ernähren sich sogar zulasten der Ameisen. Man nennt sie myrmekophile Arten.
Wenn man die ausgedehnten Straßen mancher Ameisenarten wie der **Roten Waldameise** (*Formica rufa*) verfolgt, kann man den wunderbaren Ameisenhaufen intensiv betrachten – eine echte Kathedrale aus Nadeln und pflanzlichen Überresten, unter der die unermüdlichen Arbeiterinnen schuften. Jede geht im Affentempo und ohne Pause ihrer zugewiesenen Tätigkeit nach. Manche tragen Material herbei, andere transportieren mit immenser Anstrengung Stücke von Insekten, die wesentlich größer sind als sie selbst. Aber im Inneren des wimmelnden Ameisenhaufens kreist eine noch bemerkenswertere Organisation um die Königin, die alle zwei Minuten ein Ei legt. Jeder Sonnenstrahl unseres wohltuenden Gestirns, der auf die Kuppel fällt, heizt den Haufen und wird zur Quelle einer erstaunlichen Wärme, wodurch das unermüdliche Kollektiv seine Energie gewinnt. Bei gutem Wetter profitieren die Larven vom Sonnenschein in der obersten Lage des Ameisenhaufens. Sobald Regen droht, macht sich eine große Truppe gemeinsam daran, die Larven tiefer in den Haufen zu schaffen, damit sie von der darin gespeicherten Wärme profitieren, bis das Wetter es erneut erlaubt, sie wieder weiter oben zu pflegen.
Wenn man den Haufen aus der Nähe betrachtet, bemerkt man, wie bei steigenden Temperaturen immer mehr Arbeiterinnen an die Oberfläche kommen. Je nach Art haben die Ameisen unterschiedliche Speisepläne: Körnerfresser, Pflanzenfresser oder Fleischfresser. Die klein gewachsenen Arten sind gewöhnlich Jägerinnen von mikroskopisch kleinen Spinnentieren, aber viele Ameisen greifen auch Beutetiere an, die wesentlich größer als sie selbst sind, zum Beispiel Raupen. Ihr Beitrag zur biologischen Lockerung der Erde, also die Bewegung von Material, ergänzt die Arbeit der Regenwürmer auf perfekte Weise.

Auf der Spitze des Ameisenhaufens kommen die Arbeiterinnen der Großen Wiesenameise auf Trab.

BUCHDRUCKER

In der Ordnung der Käfer (Coleoptera) können die Insekten unter anderem aus zwei Familien stammen, der Familie der **Borkenkäfer** (Scolytidae) und der Familie der **Kernkäfer** (Platypodidae), die in einer engen Verbindung zu einer Vielzahl von Koniferen und Laubbäumen stehen. Die Vertreter beider Familien sind hochspezialisierte Käfer mit Rüssel. Sie sind klein, zylindrisch und besitzen einen Halsschild (Pronotum*), der den Kopf bedeckt. Ihre Antennen sind breit, kurz und oft gekrümmt, die Beinsegmente breit und gezähnt. Nach der Begattung bohren die Weibchen unter der Baumrinde ihre Gänge, eigentlich eine tunnelförmige Kinderstube, in der sie die Eier in kleinen Nischen ablegen. Nach dem Schlüpfen fressen sich die fleischigen, blassen und beinlosen Larven oder Maden senkrecht zum Brutgang ihren eigenen Tunnel, dessen Durchmesser mit dem Wachstum der Larve zunimmt. So entsteht unter der Rinde das für jede Art der Borkenkäfer und Kernkäfer charakteristische Fraßbild. Am bekanntesten sind die Vertreter der Gattung *Ips*, *Scolytus*, *Blastophagus* und *Dendroctonus*.

Die Gattung *Ips* wird als Waldschädling gesehen und vor allem *Ips typographus*, der **Buchdrucker**, richtet Unheil in Fichtenwäldern an. Das Insekt greift vor allem mehr als 60 Jahre alte, abgebrochene oder entwurzelte sowie von Krankheiten geschwächte Bäume an. Aber die Natur ist gut aufgestellt. Gesunde Bäume verteidigen sich, indem sie den Eindringling in Harz ertränken!

Außerdem werden Buchdrucker von natürlichen Feinden gejagt, die die Populationen regulieren. Der **Ameisenbuntkäfer** (*Thanasimus formicarius*) ist ein Käfer, der von Frühling bis Herbst die Rinde alter oder kranker Bäume auf der Suche nach Buchdruckern inspiziert, aber man findet ihn auch an gefälltem Holz. Die Larven dieses Käfers ernähren sich von den Larven, den Puppen und sogar von gerade entwickelten adulten Buchdruckern.

Spechte, Kleiber und nicht zu vergessen auch Meisen, wie die in den Nadelbäumen lebenden **Haubenmeisen** (*Lophophanes cristatus*) und **Tannenmeisen** (*Periparus ater*), machen geschickte Jagd auf die Schädlinge.

In Fichten-, Tannen- und Kiefernbeständen sieht man auch Schlupfwespen (Ichneumonidae) wie die **Holzwespen-Schlupfwespe** (*Rhyssa persuasoria*), deren Auftreten von der Existenz von Siricidae-Larven wie **Riesen-Holzwespen** (*Urocerus gigas*) oder den **Schwarzen Kiefernholzwespen** (*Xeris spectrum*) abhängig ist. Letztere schwärmt von Juli bis August. Die Weibchen bohren mit ihrem Legebohrer Löcher und legen ein Netz von Gängen an, in denen sie die Eier ablegen. Sie suchen jedoch nur Stämme auf, in denen sich schon andere Siricidae angesiedelt haben.

1 Bei der Nahrungssuche in totem Holz legen Spechte wie dieser männliche Buntspecht die Gänge der holzfressenden Insekten frei, hier von *Blastophagus piniperda*.

2 Borkenkäfer bohren Gänge unter der Borke, um ihre Eier abzulegen. So entstehen die typischen Muster.

3 Das Weibchen von der Schwarzen Kiefernholzwespe (*Xeris spectrum*) bei der Eiablage.

GEÄST *und* HOLZHAUFEN

NÜTZLICHER UNTERSCHLUPF FÜR TIERE

Ein ganz einfacher Ast- oder Holzhaufen spielt für viele Tiere eine wichtige Rolle. Nach dem Schnitt der Hecke oder dem Auslichten von Bäumen und Sträuchern, erschien es mir nützlich, die toten Äste vor allem an der Grenze meines Gartens und an abgelegenen Stellen aufzutürmen.

Rasch siedeln sich **Laufkäfer** (*Carabus* sp.) sowie weitere unzählige Insekten mit ihren Larven und dazu eine Vielzahl kleiner Tiere an. Die Insekten fressenden Vogelarten wie **Rotkehlchen**, **Zaunkönig** und **Heckenbraunelle**, allesamt echte Gestrüppbewohner, finden zwischen und in den Haufen aus Ästen und Stämmen ein Zuhause und Schutz. Gelegentlich sieht man Spitzmäuse, die sich im Abraum unter den Holzhaufen auf der Suche nach Beute tummeln. **Spitzmäuse** erkennt man leicht an der langen Schnauze, dem kurzen Schwanz und dem starken Moschusgeruch, den sie verströmen. Als echte Garten-„Monster“ jagen die Spitzmäuse nachts. Sie ernähren sich von Nacktschnecken, Schnecken, Maulwurfsgrillen und anderen Insekten. Jede Nacht verleiben sie sich eine Nahrungsmenge in Höhe des eigenen Körpergewichts oder mehr ein! Der **Igel** findet im Geästhaufen ebenfalls einen günstigen Platz zum Überwintern oder zum Werfen der Jungen. Manche Reptilien wie die **Blindschleichen** verstecken sich ebenfalls gerne darin. Im Laufe der Zeit ernähren sich aber auch viele Arten vom Zerfall des Holzes, darunter **Insekten** und **Tausendfüßer**. Außerdem erscheinen **Moose**, **Flechten**, **Schleimpilze** (Myxomyceten) und vor allem **Pilze** wie die Korallenpilze, die beeindruckende rosafarbene Flecken auf das tote Holz zaubern, oder auch das Judasohr und die Porlinge.

DER ARTENREICHTUM IN EINEM HAUFEN ÄSTE
(zu den Zahlen siehe folgende Seite).

13
2
14
1
6
9
8
11
5
4
12
10

1

2

3

4

5

6

7

8

DER ARTENREICHTUM IN EINEM HAUFEN ÄSTE

1. Heckenbraunelle (*Prunella modularis*)
2. Tintlinge in einem alten Baumstumpf
3. Feldspitzmaus (*Crocidura leucodon*)
4. Saftkugler (*Glomeris* sp.)
5. Igel (*Erinaceus europaeus*), schlafend unter dem Haufen aus Ästen
6. Hermelin (*Mustela erminea*)
7. Bandfüßer (*Polydesmus angustus*)
8. Gelbhalsmaus (*Apodemus lavicollis*)
9. Rosablättriger Helmling (*Mycena galericulata*)
10. Schleimpilz und *Geranium* auf Totholz
11. Blindschleiche (*Anguis fragilis*)
12. Lederlaufkäfer (*Carabus coriaceus*)
13. Rotkehlchen (*Erithacus rubecula*)
14. Schmetterlingstramete (*Trametes versicolor*)
15. Zaunkönig (*Troglodytes troglodytes*)
16. Der Asthaufen im Frühling.

Unsichtbare Heckenbraunelle

Die Heckenbraunelle (*Prunella modularis*) führt ein Leben in den bodennahen Ästen von Hecken, Gehölzgruppen und Gestrüpp und bleibt stets sorgfältig versteckt. Beim geringsten Alarm flüchtet sie sich unter eine dichte Deckung. Als typischer Gartenvogel, den ich gerne als Gebüsch-Freund bezeichne, ist die Braunelle in vielen Lebensräumen vom Wald bis in die Heideflächen an der Küste vertreten. Aus der Ferne gesehen, hat der kleine braune Vogel nichts an sich, was den Blick anziehen würde. Aus der Nähe erkennt man in seinem Gefieder eine Palette von Farbtönen und subtile Muster und man bemerkt den spitzen Schnabel. Durch sein Verhalten könnte man ihn mit einer Grasmücke verwechseln. Er ist wirklich unauffällig, was auch die Stimme mit feinen, klagenden Lauten betrifft. Der Gesang ist eine kurze, murmelnde Melodie, klangvoll und angenehm. Sie erinnert an den Gesang des Zaunkönigs, ist aber nicht so lautstark und kürzer. Das Territorium der Braunelle erstreckt sich über knapp einen Hektar. Hat sie sich erst einmal niedergelassen, bleibt sie das ganze Jahr an Ort und Stelle. Ab November sucht der Vogel seine Nahrung vor allem auf dem Boden. Er ernährt sich größtenteils von Samen und verschlingt alles, was er findet. Er fängt auch kleine Weichtiere, Würmer, Spinnen und in der schönen Jahreszeit auch Insekten und ihre Larven.

Die unauffällige Heckenbraunelle ist häufig an Haufen von Ästen zu entdecken, wo sie ihre Nahrung findet.

MEIN FREUND, DAS ROTKEHLCHEN

In Gärten und Parks sehr verbreitet, begleitet das **Rotkehlchen** (*Erithacus rubecula*) oftmals die Gärtner. Ab Herbst hält es sich in unserer Nähe auf und beobachtet, was wir mit Spaten und Harke machen und ob wir dabei Insekten und Würmchen freilegen, die ihm als Nahrung dienen. Weibchen und Männchen singen gleichermaßen schön und beide verteidigen ihr Territorium, was bei Vögeln nicht oft vorkommt.

Als Einzelgänger lebt das Rotkehlchen tag- sowie dämmerungsaktiv. Es jagt vor allem auf dem Boden und flattert durch die Büsche, wo es schwer zu erkennen ist, sofern es nicht von einem gut sichtbaren Ansitz aus sein melancholisches Lied singt. Streitsüchtig und mit Hingabe verteidigt es sein Territorium, vor allem im Spätherbst geht es um das Territorium zum Überwintern.

Es ernährt sich in erster Linie von Insekten und deren Larven (z. B. Raupen), Würmern, Spinnen, Tausendfüßern und manchmal kleinen Schnecken. Im Sommer und im Herbst frisst es auch die Früchte von Holunder-, Brombeeren und Efeu als Ergänzung des Speiseplans. Im Winter machte es sich bei mir über Zieräpfel (*Malus*) her, außerdem über die Früchte von *Cotoneaster* und *Pyracantha* sowie von Schneeball. Es kommt auch an die Futterstellen, um Reste von Samen und Fettfutter, Nüssen und gehackte Rosinen zu verspeisen. In meinem Garten ist alles für das Rotkehlchen bereit: Ich habe alte Bäume erhalten und dichte, abwechslungsreiche Hecken und Gehölzgruppen gepflanzt, damit viel Falllaub sowie Totholz- und Geästhaufen entstehen, die dem Rotkehlchen eine Deckung und Nistmöglichkeit bieten. Es brütet auch auf dem Boden, insbesondere in oder unter einem alten Wurzelstock.

Nicht selten überrascht man ein Rotkehlchen in einem Haufen Totholz, den es gelegentlich auch als Nistplatz wählt.

WINZIGER ZAUNKÖNIG

Dieser sehr lebhafte kleine Vogel mit dem seltsam aufgerichteten Schwanz ähnelt einer winzigen Federkugel, die ständig in Bewegung ist. Der **Zaunkönig** (*Troglodytes troglodytes*) untersucht mit seinem feinen Schnabel die Spalten in der Borke. Er verschwindet unter einem Haufen Äste oder zwischen zwei Brennholzscheiten und kommt ein Stückchen weiter weg wieder hervor, indem er sich wie eine kleine Maus hindurchzwängt. Er liebt Gestrüpp, Äste und Holzhaufen, um seine träge Beute wie Läuse, die Larven von Insekten wie z. B. Raupen zu fangen, aber auch kleine Spinnen, mit denen er seine Brut aufzieht. Gelegentlich frisst er auch kleine saftige Beeren wie Johannisbeeren und die Früchte des Geißblatts. Die oft polygamen Männchen bauen mehrere kunstvolle Nester aus Moos, die im Efeu oder in Astgabeln platziert sind.

Trotz der geringen Größe hört man seine durchdringenden Koloraturen bis zu 500 m weit. Bei starkem Frost im Winter kann es passieren, dass sich mehrere Zaunkönige versammeln, um die Nacht gemeinsam an einer geschützten Stelle zu verbringen. Dazu nutzen sie Höhlen in Bäumen oder einen Nistkasten als Schlafplatz.

Wenn Sie in Ihrem Garten undurchdringliche Gehölze und Haufen von Ästen und Totholz liegenlassen, erleichtern Sie dem Zaunkönig den Zuzug in die Stadt.

1 Zaunkönig auf der Suche nach Moos für sein Nest.

2 Ein unter einem Haufen abgestorbener Äste verborgenes Nest mit jungen Hausspitzmäusen.

3 Hausspitzmaus, die sich auf einen Lederlaufkäfer stürzt!

2

3

KLEINER VIELFRASS, DIE HAUSSPITZMAUS

Die **Hausspitzmaus** (*Crocidura russula*) gehört zu den am häufigsten in unseren Gärten lebenden Spitzmäusen und sie kommt oft ins Haus oder in Gebäude.

Bei einer Länge von durchschnittlich 6 bis 7 cm (Kopf und Rumpf) hat diese Spitzmaus einen ziemlich langen, schmalen Schädel. Die Nase ist spitz und besitzt Tasthaare. Ihr Rücken und die Flanken sind graubraun, der Bauch deutlich heller. Die Ohren sind deutlich sichtbar und ihre Zähne weiß. Bemerkenswert ist der lange, isolierende Pelz auf dem Schwanz.

Sie ist ein ziemlicher Vielfraß, jagt Insekten wie Heuschrecken, deren Chitinteile sie aber liegen lässt, und andere Wirbellose, vor allem Würmer, Schnecken, kleine Wirbeltiere oder Aas. Als wichtiger Nützling frisst sie im Lauf eines Tages das Äquivalent ihres eigenen Gewichts in Form von Insekten oder terrestrischen Weichtieren.

Wie alle Spitzmäuse muss sie sich vor der Kälte und ihren Fressfeinden schützen. Also sollte man ländliche Hecken und Gehölze pflanzen, Holzhaufen auftürmen und im Gemüsegarten dicke Mulchschichten ausbringen, vor allem im Winter. Das Gras sollte nicht kürzer als 7 cm gemäht werden.

Die vor allem nachts aktive Spitzmaus ist mit Unterbrechungen etwa 8 Stunden lang auf den Beinen. Die Art lebt solitär und nicht in Verbänden. Paare finden sich nur zur Paarungszeit zusammen. Bei klimatisch bedingter Nahrungsknappheit oder schwieriger Nahrungsbeschaffung kann die Spitzmaus in einen Ruhezustand verfallen, insbesondere im Winter. Ihr stets geschützt platziertes Nest ist aus getrockneten Gräsern oder Materialien menschlichen Ursprungs hergestellt und mit Blättern ausgepolstert. Man findet es gelegentlich im Komposthaufen, unter einem Haufen gefallenen Herbstlaubs oder unter Astschnitt.

Der Igel – ein markanter Gast

In naturnahen Parks und Gärten bummelt dieser nachtaktive Wanderer hier und dort herum, um laut hörbar zu schnüffeln. Der **Igel** (*Erinaceus europaeus*) gehört zur Ordnung der Insektenfresser, obwohl er den Speisezettel eines Allesfressers hat. Er zählt zu den Verbündeten des Gärtners, weil er jede Nacht zahlreiche Würmer, Nacktschnecken, junge Schnecken, Maikäferlarven, Raupen von Nachtfaltern und manchmal auch kleine Nager frisst. Den Tag verbringt er schlafend unter dichtem Gebüsch, in der Staudenvegetation oder zwischen den Wurzeln eines hohlen Baums eingekuschelt.

Ein rundum stacheliges Tier

Über einen Mangel an Stacheln kann er nicht klagen, hat er doch etwa 5000 auf dem Rücken! Sobald die Temperatur unter 10 °C sinkt, beginnt der Igel seinen Winterschlaf und dazu muss er einen gut geschützten Unterschlupf finden. Er sucht sich manchmal auch in der Erde einen trockenen, ruhigen Platz, der nach Möglichkeit von Falllaub und Moos bedeckt sein sollte und unter einem Holzhaufen oder Haufen aus Zweigen liegt. Verbrennen Sie daher keinesfalls Laub- oder Ästehaufen, vor allem nicht im Herbst, weil das die geeigneten Plätze für den Winterschlaf der Igel zwischen November und April sind. Aber abgesehen davon ist das Verbrennen von Laub und Grünschnitt bei uns ja sowieso verboten!

Der Igel hat ein massives Problem, nach dem Verschwinden der Heckenlandschaften und der hohlen Bäume auf dem Land, geeignete Refugien zu finden, von der generellen Verkleinerung der Grünflächen einmal ganz abgesehen. Und vergessen wir auch nicht, welchen Zoll der Igel auf unseren Straßen und durch die Verwendung von Pestiziden oder Schneckenkorn zahlt.

1

2

1 Igel bei der Suche nach einem Haufen aus Falllaub und Ästen.

2 Igel nimmt seine kugelförmige Verteidigungshaltung ein.

3 Weiblicher Igel im Nest mit dem Nachwuchs. In der Mitte ist ein Albino zu sehen.

3

BLINDSCHLEICHE

Die ruhige und friedliche **Blindschleiche** (*Anguis fragilis*) ist vor allem bei Sonnenaufgang und in den Abendstunden an regnerischen oder feuchten Tagen aktiv. Tagsüber sucht sie sich ein Versteck unter Steinen, Falllaub oder Holztrümmern. Lassen Sie in Ihrem Garten das Laub auf der Erdoberfläche liegen und auch Haufen von Ästen. Blindschleichen lieben auch die Stämme alter, abgestorbener Bäume und alte, von Moos überzogene Wurzelstümpfe in schattigen Lagen. Dieser sehr wertvolle Nützling jagt vor allem Nacktschnecken, aber auch andere Wirbellose wie Asseln, Spinnen, Würmer und langsame Insekten. Doch auch reichlich Nahrung auf dem Komposthaufen ist eine Verlockung. Bodenbedeckung aus Stroh im Gemüsegarten begünstigt ihr Verweilen, doch man muss den Mulch unbedingt während des Herbstes und Winters liegen lassen. Wenn ein Feind (einschließlich des Menschen) die Blindschleiche am Schwanz erwischt, wirft sie den Schwanz aktiv ab, und die zappelnden Bewegungen dieses Teils lenken die Aufmerksamkeit des Angreifers auf sich. Die Blindschleiche selbst kann sich unbelästigt davonschlängeln. Ein neuer Schwanz wächst direkt nach.

ERSTAUNLICHE TAUSENDFÜSSER

Tausendfüßer flüchten sich in den Boden, indem sie den Kopf als Rammbock nutzen und mit den Beinpaaren schieben, die sich wellenförmig von vorne nach hinten nacheinander bewegen. Sie können auch Gänge in verrottendes Holz und Humusschichten bohren. So belüften sie den Boden, tragen Mikroorganismen ein und spalten

1 Die Blindschleiche ist ein wertvoller Helfer bei der Jagd auf Nacktschnecken.

2 Der Bandfüßer ist ein bekannter Zersetzer im Garten, wenn man das vorhandene Totholz liegen lässt.

das rottende Holz auf. Der **Bandfüßer** (*Polydesmus angustus*) verschwindet unter herabgefallenen Hölzern und der Borke. Nachts kommt er heraus, um organisches, in Zersetzung übergegangenes Material zu suchen. Dieser Gliederfüßer (Arthropode) aus der Klasse der Tausendfüßer ist ziemlich häufig, misst knapp 3 cm in der Länge und gehört zu den Arten, die sich von verrottendem Pflanzenmaterial ernähren und es in Humus umwandeln. Dieses Substrat ist das Wichtigste für den Wald und den Garten. Bandfüßer sind also für den Gemüsegarten von Nutzen und ihr Vorkommen ist ein gutes Zeichen. Eine Besonderheit sind ihre doppelten Beinpaare je Körpersegment, die ersten und letzten drei Segmente ausgenommen.

ÜBERRASCHENDE SCHLEIMPILZE

Schleimpilze (*Myxomycetes*), Organismen zwischen Pilz- und Tierreich, leben auf pflanzlichem Substrat, das in Zersetzung übergegangen ist, in feuchtem Milieu. Sie sind mit den Pilzen verwandt und entwickeln in einem bestimmten Entwicklungsstadium ein Plasmodium*, das sich als eine gallertartige, membranumgebene Masse präsentiert, in der viele Kerne schwimmen. Obwohl der Organismus keine feste Hülle hat, kann sich das Plasmodium kriechend fortbewegen und dabei Mikroorganismen aufnehmen, die seinen Weg kreuzen. Auf solche Weise macht sich diese erstaunliche Lebensform über Totholz her und frisst die Reste von Pilzmyzelien, schwammige Fruchtkörper sowie Bakterien.

Begierig nach pflanzlichem Substrat in Zersetzung, verändern die Schleimpilze rasch ihr Aussehen. Auf den Fotos sieht man die Art *Stemonitis axifera* (Gemeines Fadenstäubchen), welche in verschiedenen Entwicklungsstadien Zeichen des Tier- und des Pflanzenreiches zeigt.

1 Hier sieht man das Plasmodium am ersten Tag, wie es sich entwickelt und stündlichen einen Zentimeter wächst.

2 So sieht es am zweiten Tag aus!

HAUFEN AUS PFLANZENMATERIAL

Ein Holzhaufen kann die vom Wind herbeigetragenen Samen der Bäume aufhalten und damit das Auflaufen und Ansiedeln mancher Pflanzenarten begünstigen. Zugleich bietet er auch einen Unterschlupf und Schutz für zahlreiche Verbündete im Garten.

Am Rand, entlang der Grenze meines Gartens, schichte und verflechte ich regelmäßig in einer Linie Totholz und die Äste vom Baum- und Strauchschnitt, als würde ich kleine Mäuerchen errichten. Ich nenne es Pflanzenhügel zur natürlichen Entstehung von Hecken und Wäldchen. Dort entsorge ich Erdballen von Pflanzen, Falllaub, vertrocknetes Gras, Wurzeln, verholzte Pflanzenreste einschließlich dorniger Abschnitte. Diese Kinderkrippe für wertvolle Nützlinge sorgt dafür, dass in meinem Garten ein natürliches Gleichgewicht herrscht, indem einerseits Pfade zur Gartenpflege, andererseits aber auch biologische Korridore in unmittelbarer Nähe zu den Hecken entstehen. Oft siedeln sich **Pilze**, **Kletterpflanzen** wie **Efeu**, **Wilder Wein** und **Gewöhnliche Waldrebe** oder sogar **Geißblatt** von selbst auf meinen Holzhaufen an, verschönern sie und machen sie – zum großen Glück für die Tierwelt – für uns unsichtbar.

1 Die Pflanzenhügel an der Gartengrenze, die einen biologischen Korridor mit der Hecke bilden.

2 Raupe des Brombeerspinners *Macrothylacia rubi*.

3 Blüten von Brombeeren und Gewöhnlicher Waldrebe im Frühling.

4 Gewöhnliche Waldrebe in voller Blüte.

5 Früchte der Waldrebe im Winter.

2

3

4

5

UNVERZICHTBARER LEBENSRAUM FÜR NÜTZLINGE

Wenn man das Totholz an verschiedenen Stellen des Gartens in Form von Holz- und Asthaufen liegen lässt, dient es bis zu einem gewissen Grad der biologischen Schädlingsbekämpfung. Denn die Mehrzahl der Arten, die sich in den Haufen einfinden, sind wertvolle, unverzichtbare Nützlinge für das Räuber-Beute-Gleichgewicht im Garten. Um möglichst viele Arten anzulocken, sollte man in einem großen Garten die Asthaufen unbedingt unterschiedlich hoch aufschichten. Bei kleinen bis mittelgroßen Gärten wäre es ideal, wenn die Haufen an geeigneten und vielen Stellen entlang der Gartengrenze lägen. Außerdem muss ein großer Haufen vorgesehen sein, der mindestens 1 bis 1,50 m breit, 1 bis 2 m lang und 1,20 bis 1,50 m hoch ist.

1 Ein Haufen Astschnitt im Unterholz.

2 Unauffällig kommt die Goldleiste (*Carabus violaceus* subsp. *purpurascens*) nachts hervor, um Nacktschnecken zu jagen.

3 Der Lederlaufkäfer gehört zu den schnellsten, wenn es um die Besiedlung von ländlichen Hecken, Totholz- und Asthaufen geht.

4 Der Goldschmied (*Carabus auratus*) ist ein echtes Schmuckstück!

3

4

Rendez-vous mit dem Lederlaufkäfer

Keine Sorge, wenn Sie einen Lederlaufkäfer entdecken… Mattschwarz und mit grob gerunzelten Deckflügeln, sieht der Käfer ziemlich derb aus, er hat lange Beine und mächtige, gezähnte Kauwerkzeuge, nicht zu vergessen die dünnen, segmentierten Fühler. Er wird bis 4 cm lang.

Früher nahezu überall verbreitet, nimmt der Bestand der **Lederlaufkäfer** (*Carabus coriaceus*) heute wegen chemischer Insektenvernichtung ab. Der Käfer ist ein wertvoller Nützling im Garten, im landwirtschaftlichen Anbau und im Laub- sowie Mischwald, der sich seinen Unterschlupf unter Steinen, altem Holz und Asthaufen sucht. Behäbig, aber dennoch lebhaft und von markantem Geruch umhüllt, ist er der größte heimische Laufkäfer. Als Räuber ist er vor allem nachts nach einem Regen sehr aktiv, da er dann Weichtiere wie Schnecken fängt. Er ist auch ein starker Esser, wenn es um Eier und Jungschnecken von Nacktschnecken geht. Außerdem greift er sich zahlreiche Insektenarten und deren Larven. Er gehört zu den wenigen Jägern, die sich auch über die Larven von Kartoffelkäfern hermachen.

Bei den Laufkäfern wird die Nahrung außerhalb des Körpers verdaut, das heißt der Verdauungssaft wird in die Beute gespritzt oder wie beim Lederlaufkäfer auf die Beute gespuckt. Die Beute zersetzt sich und der Käfer saugt sie auf. Die meisten Lederlaufkäfer überwintern in der adulten Form und sind im Frühling reichlich ausgehungert, was sie zu effizienten Jägern im Garten macht.

Haufen aus Holz und Ästen locken fast ausschließlich wertvolle Helfer im biologischen Kampf gegen Schädlinge an. Achten Sie daher darauf, ausreichend Abstand zu Wiesenflächen mit hoch wachsenden Gräsern einzuhalten und mähen Sie so selten wie möglich mit dem Rasenmäher, Fadentrimmer oder Freischneider, weil diese bodenlebenden Tiere leicht zu Schaden kommen.

FEUERHOLZ-STAPEL

Ordentlich geschichtete und gut platzierte Feuerholzstapel sind ebenso wichtige Nischen für die ökologische Vielfalt wie die Asthaufen, und sie schmücken den Garten. Bei mir machen sie manche Mauer des Hauses zu einem neuen Lebensraum.

EIN ZUHAUSE FÜR DEN IGEL

Ein künstlicher Unterschlupf kann den Igel dazu verleiten, es sich in der kalten Jahreszeit gemütlich zu machen. Nutzen Sie die Laubhaufen oder die Feuerholzstapel, um unserem Freund, dem Igel, ein geeignetes Zuhause zu schaffen.

Auch wenn der Feuerholzstapel im Laufe der Winterwochen kleiner wird, bleibt der Unterschlupf erhalten. Man findet Igelhäuser im Handel, kann sie jedoch aus Teilen eines alten Fasses oder einer Holzkiste von 30 cm Breite, 40 cm Länge und 25 cm Höhe mit einer Füllung aus Heu und trockenem Laub selbst machen. Eine Öffnung von 10 × 10 cm genügt, dass Freund Igel sich hineinzwängen kann, man darf aber den etwa 20 cm langen Eingangstunnel entweder außen oder innen nicht vergessen. Dieser sorgt dafür, dass der Igel seine Ruhe vor üblen Eindringlingen hat.

Ein nützlicher Holzstapel.

Wenn Sie kein Holzlager haben, suchen Sie eine ruhige, etwas wildere Stelle im Schutz von dichter Vegetation und geschützt vor Regen und Sturm aus, zum Beispiel am Gartenhaus, an der Garage, oder unter einem angelehnten Brett hinter dem Geräteschuppen. Sie können das Igeldomizil auch unter einem dichten Gebüsch, einem Haufen trockener Äste, trockenem Laub oder sogar unter einem Steinhaufen aufstellen, solange sie es mit etwas Folie gegen das Eindringen von Regenwasser schützen. Auf jeden Fall muss es im Schatten stehen, denn Igel vertragen die Hitze nicht gut, und die Öffnung sollte nach Osten oder besser noch Südosten gerichtet sein.

Wissenswert

- Der Winterschlaf des Igels dauert etwa 5 Monate.
- Die erste Überwinterung ist die häufigste Todesursache bei jungen Igeln, gefolgt von der direkten oder indirekten Aufnahme von Pestiziden wie Schneckengiften bei 25 % der Fälle.
- Vermeiden Sie es nachzusehen, ob die Igeldomizile angenommen wurden, und achten Sie darauf, nicht unüberlegt mit der Forke in einen Haufen Laub, Gestrüpp oder Heu zu stechen.
- Igel können ihren Lebensrhythmus mitten im Sommer auf Sparflamme schalten, wenn die Trockenheit ihre bevorzugte Beute rar werden lässt. So mancherorts geschehen während der hochsommerlichen Hitzewelle im Jahr 2019. Noch ein guter Grund, Totholz aufzuhäufen!

❶ Igel auf der Suche nach einem Unterschlupf.

❷ Igelhaus unter einem Stapel Feuerholz.

DOMIZIL FÜR DEN IGEL

Alle Maßangaben in cm.

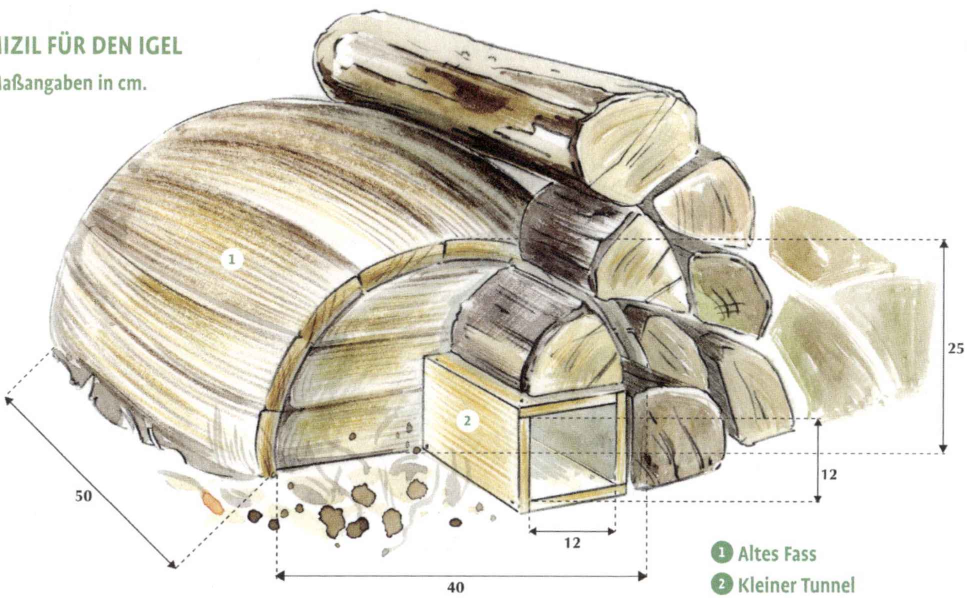

❶ Altes Fass

❷ Kleiner Tunnel

VERSTECK UND SPEISEZIMMER DER PELZIGEN NAGER

Ordentlich aufgestapeltes Holz lockt Feld- und Waldmäuse an. In den Feuerholzstapeln entdeckt man nicht selten die Spuren ihrer Anwesenheit, wenn das Holz über den Winter Lage für Lage niedriger wird.

Diese kleinen Nagetiere sind auf den Geschmack von Walnüssen, Haselnüssen und Kastanien gekommen, die sie bei ihren nächtlichen Streifzügen durch Hecken und Baumgruppen zusammentragen. Man kann sie ganz eindeutig an den Spuren und Indizien, die sie hinterlassen, und vor allem an der Art und Weise, wie sie die Schalen aufnagen, identifizieren! Weil die winzigen Nager die Schalen der Haselnüsse und anderer harter Früchte nicht knacken können, nagen sie sie mit ihren spitzen Vorderzähnen auf und hinterlassen saubere Löcher. Die **Waldmaus** (*Apodemus sylvaticus*) oder die **Gelbhalsmaus** (*Apodemus flavicollis*) nagen im Kreis von innen nach außen, wobei sie die Hasel- oder Walnuss mit den Vorderpfötchen drehen. So hinterlassen ihre Zähne immer eine Reihe ordentlicher Spuren unterhalb und außerhalb des Öffnungsrandes. Die **Rötelmaus** (*Myodes glareolus*) nagt bei den Früchten von außen nach innen und man findet daher keine Spuren der Zähne an der Außenkante der Öffnung.

Die kleinen Nager fressen ihre Nüsse an geschützten Stellen wie Holzstapeln und das Speisezimmer birgt meist eine immense Ansammlung von Schalen. Diese Fressplätze wecken auch die Aufmerksamkeit von Hermelin und Mauswiesel, die auf Nahrungssuche hier ihre Lieblingsbeute entdecken!

1 Gelbhalsmaus in einem Stapel Feuerholz.
2 Speisezimmer der Gelbhalsmaus, entdeckt in einem Holzhaufen.
3 Hermelin in Lauerstellung auf dem Holzhaufen.
4 Gelbhalsmaus beim Festmahl mit Nüssen.
5 Rötelmaus beim Knabbern einer Kastanie.

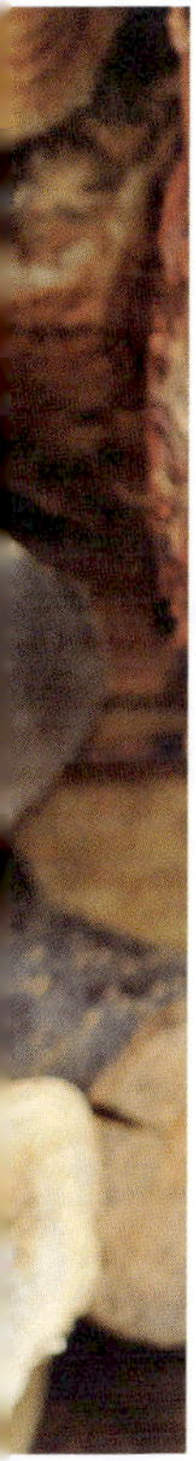

3

4

5

EIN HOCH *auf* ALTE BÄUME

DIE AHNEN DES GARTENS

Bäume spielen eine mächtige Rolle und der Mensch beraubt sich eines wichtigen Teils im Ökosystem, wenn er sie fällt und wegschafft. In den Jahresringen eines Baumes finden wir viele Informationen gespeichert und so hat er gewissermaßen ein Gedächtnis. Der Wald tröstet durch seine Stille und sein raschelndes, zartes Leben. Ein vor Leben strotzender alter Baum oder einer mit allen Zeichen des Alterns hat seinen Platz im Wald wie im Garten. Er erfüllt die Funktion eines äußerst wichtigen Ahnen im Gleichgewicht der Landschaft, die er mit seinen grünen Fittichen oder mit einem toten Stamm voller Artenvielfalt bestückt.

Bäume werden mit zunehmendem Alter immer gastfreundlicher und bieten zahlreichen Arten dank der im langen Baumleben gesammelten Schrunden Lebensraum und Deckung. Arten, die zum Leben von totem Holz oder alten Bäumen abhängig sind, nennt man saproxyle* Arten. In Europa machen diese ein Viertel der Artenvielfalt natürlicher Laubwälder aus.
Man kann drei Kategorien „alter" Bäume unterscheiden: durch Absterben des Holzes oder Fraß von Spechten ausgehöhlte Bäume, lebende Bäume mit abgestorbenen Partien oder völlig tote Bäume, die noch stehen.
In der Natur sind diese „Baumhabitate" bei höhlenbrütenden Vögeln sehr beliebt. 41 % der 68 Waldvogelarten sind zur Fortpflanzung direkt von der Existenz von Höhlen in alten oder abgestorbenen Bäumen abhängig.

Daher ist es unerlässlich, in den Parks und Gärten ein Netz alter Bäume zu erhalten. Sie bieten vom Stamm bis in die Krone zahlreichen Arten ein Zuhause und Verstecke. Selbst in der Ruhephase mitten in der Kälte glimmt ihr Lebenslicht unter der Borke. Es ist völlig unnötig, die Frage des Nutzens zu stellen. Man muss sie lediglich bewundern, schützen und nichts oder fast nichts tun. In meinem Garten sammle ich nach einem Sturm oder heftigem Gewitter nur herabgefallene Äste auf. Sie sind wertvolles Gut für meine aus Ästen verflochtenen „Mäuerchen". Ein umgestürzter Baum bereichert meine waldähnliche Gestaltung. Ich lasse auch alte Nadelbäume vergehen, um die Artenvielfalt zu fördern.

1 Alternde oder abgestorbene Bäume bieten einer Vielzahl von Arten, darunter Vögeln, guten Unterschlupf und Deckung.

2 Bei dieser Winteraufnahme treffen sich ein männlicher Buntspecht und eine männliche Kohlmeise bei der Nahrungssuche.

Feldhasen und verschneite Gärten

Vor der weißen Kulisse des Winters wird der **Feldhase** (*Lepus europaeus*) sehr verletzlich, weil er sich deutlich im Schnee abzeichnet und außerdem in seinem Lauf gebremst wird. Er setzt sich damit dem Zugriff seiner natürlichen Feinde aus. Er findet immer schwerer Nahrung und die spärliche Vegetation unter der weißen Decke ist sehr gefragt. Niedrige Temperaturen und schlechte Witterungsverhältnisse zwingen das Tier, länger in seinem Versteck zu verharren. Im Gegensatz zum Kaninchen lebt der Feldhase jedoch nicht unter der Erde und er gräbt auch keine Bauten, um sich vor den Elementen oder irgendwelchen Gefahren zu schützen. Wenn der Schnee dauerhaft liegt, sucht er Zuflucht in Wäldchen und Hecken, sogar in den Gärten, wo er sich unter der kleinsten Deckung versteckt.

Ein Feldhase kann sich gut in einem ländlichen Garten ansiedeln, sofern er dort eine günstige Sasse zwischen den bodennahen Zweigen einer Hecke oder eines Wäldchens oder unter den Ästen einer Konifere als Schutz gegen Frost und Schnee findet.

Unglücklicherweise ist es einer der größten Fehler von Gärtnern oder Besitzern baumbestandener Parkanlagen, alle bodennahen Äste der Bäume abzuschneiden, vor allem bei immergrünen Arten wie den Koniferen. Und das nur, um mit dem Rasenmäher in der schönen Jahreszeit besser durchzukommen. So nimmt man vielen Tieren, darunter den Hasen, aber auch dem Marder und sogar den Rebhühnern geeignete Plätze, um lange Frostperioden mit heftigen Schneefällen zu überstehen. In meinem Garten findet der Feldhase regelmäßig ein Lager unter den Ästen der Koniferen wie der Europäischen Fichte, der Weiß-Tanne, Eiben, Berg-Kiefern und dem Riesen-Lebensbaum!

Am Wintermorgen kommt ein Feldhase aus seiner Sasse unter den tiefen Ästen der Konifere in meinem Garten, genauso wie ein Rothuhn (*Alectoris rufa*). Daher ist es sinnvoll, die bodennahen Äste zu erhalten.

UNTER DER ALTEN EICHE

Wie alle Pflanzenarten der gemäßigten Breiten sind Eichen an den Wechsel der Jahreszeiten angepasst. Betrachten wir zum Beispiel die Stiel-Eiche (*Quercus robur*), die wie alle laubabwerfenden Bäume im Herbst ihre Blätter verliert und im Winter tot aussieht, aber nur dem Anschein nach. In Wirklichkeit geht sie in einen Sparbetrieb über, der mit zunehmendem Alter intensiver wird. Respiration und Transport der Pflanzensäfte werden nicht komplett unterbrochen, sondern verändern nur ihren Rhythmus. Mit der Verkürzung der Tage setzt eine Verlangsamung des Stofftransports ein und den gesamten Winter hindurch ruht der Baum in einer Art Lethargie. Es ist jedoch nicht besonders schwierig zu erkennen, dass der Baum Knospen trägt: kleine Auswüchse, die mit Schuppen bedeckt sind und eine winzige Verzweigung bilden. Es sieht so aus als könne sie wachsen und sich entwickeln. Das passiert auch mit dem Einsetzen des Frühlings, wenn der Baum seine Ruhephase beendet und man das Sprießen der Knospen beobachten kann. Erst öffnen sich die Schuppen, dann fallen sie ab und die mit Blättchen versehenen Anlagen, die darin eingeschlossen waren, entwickeln sich zu echten Zweigen.

Das Skelett einer alten Eiche, hier eine Stiel-Eiche, besitzt immer majestätische Züge. Im Winter bleiben manchmal ein paar Blätter hängen, die – von Reif umhüllt – Bewunderung hervorrufen.

EICHENGALLEN

Die Vegetation bringt zahlreiche Besonderheiten hervor, manche Insekten verursachen zum Beispiel Galläpfel an den Bäumen, insbesondere bei Eichen. Läuse, Käfer, Spinnen und kleine Wespen bringen ihre Gelege durch das Anbohren von Blattgewebe, Knospen, Kätzchen oder Eicheln unter. Zahlreiche Arten kleiner **Wespen**, vor allem die Familie der **Gallwespen**, leben rund um die Eichen. Wenn sie im Frühling ihre Gelege bohren, entstehen während der Entwicklung der Zellgewebe fressenden Larven als Ergebnis des Zellwachstums an der Pflanze Auswüchse, die man Gallen oder Galläpfel nennt. Die Gallen haben einen unterschiedlichen Aufbau, je nachdem ob sie an den Blättern oder den Knospen auftreten. Es gibt kugelrunde orangefarbene Galläpfel, die schwammig sind und von einem Blatt herabhängen oder einen Zweig umschließen. Vor allem im Spätsommer entwickeln sich die Gallen auf den Blättern und die Galläpfel der Eiche bedecken den Boden, sobald die Blätter fallen.

Nicht selten ist der Boden mit Blättern voller Eichengallen bedeckt. Für diese Auswüchse sind unterschiedliche Insektenarten verantwortlich, in diesem Fall eine winzige Gallwespe namens Gestreifte Eichengallwespe (*Diplolepis longiventris*). Eine kleine Anekdote am Rande: Als kleiner Bub spielte ich mit Galläpfeln als Murmeln! Vielleicht war das der Beginn meiner Naturbegeisterung.

DIE ALTE EICHE ALS NISTPLATZ

Die Individuen einer Vogelart legen ihre Nester in einer annähernd gleichen Höhe an, aber verschiedene Arten in unterschiedlicher Höhe. Wenn alle Vögel, die gerne in einer alten Eiche nisten, gleichzeitig dort anzutreffen wären, dann könnte man die Wohnetagen deutlich erkennen. Ganz oben hätte die **Krähe** ihr Nest, ein wenig darunter die **Ringeltaube**, während die **Misteldrossel** in einer Astgabelung oder am Ende eines Astes genistet hätte. Das Nest der **Amsel** wäre auf kleinen Verzweigungen befestigt. Der **Gartenbaumläufer** würde seines an der Rückseite gelockerter Rindenstücke bauen. Kleine Löcher im Baumstamm wären eine Freude für die Meisenartigen wie die **Blaumeise**, aber auch der **Kleiber** oder der bemerkenswerte **Gartenrotschwanz** wären damit zufrieden. Große Höhlen wären der Platz der Wahl für **Waldkauz**, **Dohle** oder **Hohltaube**. **Buntspecht** oder **Mittelspecht** würden selbst die passende Aushöhlung zimmern, um ihren Nachwuchs aufzuziehen.

Verteilung der Vögel, die in der Krone einer alten Eiche nisten könnten.

1 Die **Krähe** (*Corvus corone*) baut ein breites Nest aus Ästen und Reisig, das an der Spitze eines Baumes sitzt. Manchmal wird es von anderen Vögeln, insbesondere Greifvögeln, wieder belegt.

2 Die **Misteldrossel** (*Turdus viscivorus*) baut ihr Nest zu Beginn des Frühlings gewöhnlich auf einem ziemlich exponierten Ast eines hohen Baums. Die äußere Lage aus Gräsern und Trieben wird mit Lehm verkleidet, das Innere mit feinem Gras.

3 Etwas zerbrechlich ist das Nest der **Ringeltauben** (*Columba palumbus*) aus grob verflochtenem Reisig auf einer luftigen Plattform aus Ästen in Bäumen, Hecken oder dichtem Gestrüpp gebaut.

4 Die **Dohle** (*Coloeus monedula*) errichtet ihr Nest an verschiedensten Orten. In alten Bäumen wählt sie gerne die alten Spechthöhlen.

5 Beim **Gartenbaumläufer** (*Certhia brachydactyla*) ist die Brautwerbung damit verbunden, dass die Vögel einander im Baum verfolgen und dann in einem Loch oder einer Spalte in der Rinde das Nest bauen.

6 Der **Waldkauz** (*Strix aluco*) nistet bevorzugt in Löchern von hohlen Laubbäumen oder in ausgedienten Nestern von Elstern.

7 Der **Kleiber** (*Sitta europaea*) nistet in gut ausgestatteten Baumlöchern oder alten Elsternestern. Meistens verkleinert er den Eingang mit Hilfe von Lehm.

8 Wenig spezialisiert bei seiner Wahl ist der **Gartenrotschwanz** (*Phoenicurus phoenicurus*), der sein Nest gerne in einer Höhle in einem alten Baum ebenso wie in einem Loch in einer Mauer oder in einer Felsspalte baut.

9 Gerne hält sich der **Mittelspecht** (*Dendrocoptes medius*) in alten Eichen auf. Er bohrt seine Nisthöhle (5 cm Durchmesser) in einer Höhe von mehr als 5 m in einen toten oder kranken Baum.

10 Zum Nisten höhlt der **Buntspecht** (*Dendrocopos major*) ein Loch von 5 bis 6 cm Durchmesser in einen Baumstamm. Es kann passieren, dass er die Höhle mehrfach nutzt. Auf jeden Fall wird sie auch von anderen Arten übernommen.

11 Alte Eichen oder Kastanienbäume mit ihren zahlreichen Spalten und Rissen sind auch das bevorzugte Zuhause der **Blaumeisen** (*Cyanistes caeruleus*), sowohl zur Nahrungssuche als auch zum Nisten.

12 Das Nest der **Amsel** (*Turdus merula*) ist aus Gräsern und Trieben in der Form eines breiten, tiefen Bechers gebaut und innen mit einer feinen Lehmschicht ausgekleidet. Es kann zwischen kleinen Zweigen in Bäumen oder Kletterpflanzen platziert sein, auch wenn man es am häufigsten in einem Gebüsch oder einer Hecke findet.

1
2
3
4
5
6
7
8
9
10
11
12

FLEDERMÄUSE IM REICH DER BAUMKRONEN

Von April bis Oktober kann man ab dem Sonnenuntergang seltsame flugfähige Säugetiere beobachten, die von nachts ausfliegenden Insekten wie Maikäfern und Nachtfaltern angelockt werden. Ihre Flugbahnen folgen abrupten Richtungswechseln, weil diese Tiere sich mit Hilfe eines Ortungssystems bewegen, das dem Sonar ähnelt. Fledermausarten, die in Baumbeständen leben, müssen sehr flink sein, damit sie zwischen den Ästen manövrieren können. Sie besitzen ein hoch entwickeltes Echo-Ortungssystem*, bei dem sie Ultraschall über das Maul ausstoßen. Unsere Wälder beherbergen einige der größten Arten in Europa.

Der **Abendsegler** (*Nyctalus noctula*) benötigt einen hohlen Baum oder Löcher von Spechten, um sich tagsüber auszuruhen oder zu überwintern. Das gilt auch für den deutlich kleineren **Kleinen Abendsegler** (*Nyctalus leisleri*). Wenn der Abend gekommen ist, kann man sie vor allem im Sommer und Frühherbst grüppchenweise bei der Jagd über den Baumkronen in Wäldern, Parks und Gärten mit altem Baumbestand beobachten. An Waldrändern und Stellen mit alten Bäumen lässt sich manchmal auch der langsam suchende Flug der **Breitflügelfledermaus** (*Eptesicus serotinus*) beobachten oder die im Flug fast stillstehende Silhouette des **Braunen Langohrs** (*Plecotus auritus*), die sich überwiegend von Insekten und Larven im Laub der Bäume ernähren.

1

2

① Häufiger verbreitet als man annehmen würde, lässt sich der Kleine Abendsegler an seinem dunkelbraunen Pelz und der im Vergleich zu anderen Abendseglern höheren Schnauzenpartie erkennen.

② Als Jäger in den Zweigen ist das Braune Langohr selten ohne Deckung. Man kann es besser während der Morgendämmerung beobachten als in den Abendstunden.

JAGD UND ANSITZ DER LAUTLOSEN JÄGER

Waldkauz (*Strix aluco*) und **Waldohreule** (*Asio otus*) sind imstande, nur von Geräuschen geleitet in dunkelster Nacht zu jagen. Ihr absolut lautloser Flug ist durch die samtige Oberfläche des Gefieders möglich, welche die Geräusche schluckt und die Fransen an den Schwungfedern, welche die Bewegung der Luft verhindern. Da sie sich erst bei Einbruch der Nacht regen und ihr Gefieder sie bei Tag wunderbar verbirgt, bekommt man diese Vögel selten zu Gesicht. Sie ruhen tagsüber stehend auf einem Ast oder an den Stamm gelehnt. Durch ihre Bewegungslosigkeit und die Gefiederfärbung sind sie zwischen Stämmen und Ästen eines Baums kaum zu entdecken. Bei der geringsten Gefahr legt die Waldohreule das Gefieder eng an und richtet ihre Federohren senkrecht auf, um optisch mit dem Geäst zu verschwimmen. Es passiert jedoch öfters, dass kleine Singvögel wie Meisen, Rotkehlchen, Finken oder auch Amseln und Häher die nächtlichen Jäger während ihrer täglichen Ruhe entdecken. Sie flattern dann um die Greifvögel herum und stoßen Alarmrufe aus, ohne sie jedoch wirklich anzugreifen. Durch dieses Verhalten warnen sie andere Vögel vor möglicher Gefahr. Das dient außerdem dazu, dass Jungvögel die Beutegreifer kennenlernen. Meistens reagieren Kauz und Eule nicht auf diese Anfeindungen. Wenn aber die Allianz des gefiederten Volks zu aufdringlich wird, entscheiden sich die nächtlichen Jäger gereizt, einen neuen Ansitz an einem ruhigeren Ort zu suchen.

Etwas kleiner als der Waldkauz, ist die Waldohreule an ihrer markanten gestreckten Statur und den langen Federohren erkennbar. Hier verschwimmt sie mit den Ästen in einer Birkenkrone.

Ein Zuhause für den Waldkauz

Der Waldkauz sucht bevorzugt geräumige Höhlen in Bäumen zum Nisten auf. Er ist aber nicht kompliziert und nutzt gespaltene Stämme, manchmal auch die alten Nester von Rabenvögeln, seltener die Nester von tagaktiven Greifvögeln, auch Höhlen in Felsen. Er nimmt gerne große, für ihn angepasste Nistkästen an, die hoch in einem Baum aufgehängt sind, wie in meinem Garten!

Beim Aufhängen des selbst gebauten Nistkastens für den Waldkauz.

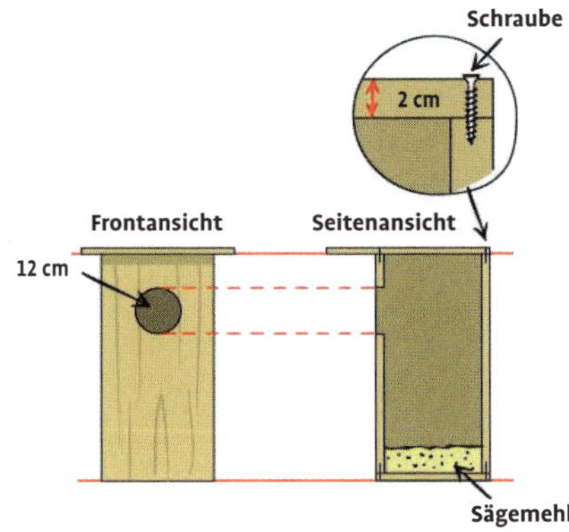

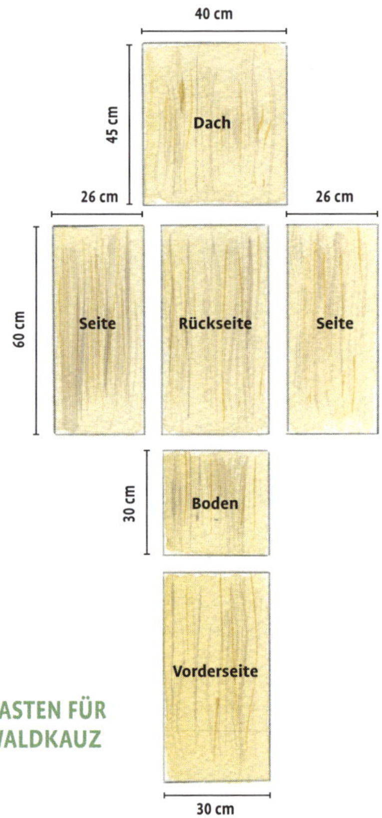

NISTKASTEN FÜR DEN WALDKAUZ

1 An seinem Ruheplatz für den Tag, an den mit Efeu bewachsenen Baum gelehnt, macht sich der Waldkauz (hier im grauen Kleid) in meinem Garten unsichtbar.

2 Gut versteckt in einer alten Asthöhle, präsentiert der Waldkauz im rostroten Federkleid eine erstaunliche Tarnung.

3 Der Nachzügler aus einer Brut von drei Waldkäuzen macht sich bereit, aus dem Nistkasten in eine meiner Gehölzpflanzungen zu fliegen.

WARUM HÖHLEN IN DEN BÄUMEN WICHTIG SIND

Regelmäßig brechen zwischen Vögeln, die auf Nisthöhlen angewiesen sind, Revierstreitigkeiten aus. Ein und dieselbe Nisthöhle kann im Laufe mehrerer Jahre von verschiedenen Vogelarten besetzt werden. Dies ist einer der Hauptgründe, warum man alte Bäume erhalten muss und, wie an anderer Stelle schon erwähnt, warum man für Höhlenbrüter (die versteckt brüten) auch Nistkästen als dringenden Ersatz für fehlende Höhlen aufhängen sollte.

EINE HÖHLE IM LAUF DER ZEIT

Vögel, die in Baumhöhlen brüten, sind nicht zwangsläufig dazu befähigt, ihre Nistmöglichkeit selbst zu meißeln. Nur die Familie der Spechte wie der **Grünspecht** und der **Buntspecht** sind dazu imstande, außerdem die **Weidenmeise**, die ihre Nisthöhle selbst in das Holz zimmert, und manchmal auch die **Haubenmeise**, die totes Holz aushöhlt.

Alte Spechthöhlen sind wunderbare Verstecke in Winternächten und Nistplätze für andere Spalten- oder Höhlenbrüter wie **Wendehals**, **Meisen**, **Kleiber**, **Star**, **Wiedehopf**, **Hohltaube** oder auch **Waldkauz**. Um es sich bequem zu machen, verkleinern einige Arten den Durchmesser mit Lehm, darunter der Kleiber. Die meisten Arten geben sich aber damit zufrieden, eine weitere Materialschicht auf den Grund der Höhle zu türmen. Andere Arten vergrößern die Einflugöffnung, was auch größeren Vögeln die Chance gibt, die Höhlen im Laufe der Zeit zu nutzen.

DIE FORTSCHREITENDE NUTZUNG EINER HÖHLE

Rechte Seite:
1. Grünspecht (*Picus viridis*) an der Einflugöffnung
2. Kohlmeise (*Parus major*)
3. Sumpfmeise (*Poecile palustris*)
4. Kleiber (*Sitta europaea*)
5. Wendehals (*Jynx torquilla*)
6. Zum Nest zurückkehrender Star (*Sturnus vulgaris*)
7. Wiedehopf (*Upupa epops*)
8. Waldkauz (*Strix aluco*).

1

2

3

4

5

6

7

8

EIN NISTKASTEN IM LAUF DER JAHRE

Ich sehe regelmäßig nach den Nistkästen, die ich in den Hecken und Gehölzgruppen meines Gartens aufgehängt habe und so kann ich das Verhalten der Höhlenbrüter beobachten. Ich habe Unterschiede bei der Nutzung dieser künstlichen Nistkästen im Vergleich zu natürlichen Baumhöhlen festgestellt: Nistkästen mit kleiner Einflugöffnung werden während der Brutzeit wirklich nur von Singvogelarten aufgesucht, die zu den Höhlenbrütern gehören, nicht aber von anderen Singvogelarten. Ganz anders ist das bei natürliche Höhlen (hohle Stämme, alte zerfurchte Baumstümpfe, Löcher in den Bäumen …), die im Garten platziert sind. Siehe dazu auch Seite 18.

Ein Nistkasten mit Vorbau und seine Bewohner.
1 Juni 2008: Wendehals.
2 Mai 2009 und 2010: Kohlmeise.
3 Mai 2011: Kleiber.
4 Mai 2012: Kleiber (Fütterung der Jungen).

NEST DES „MAURERVOGELS“

❶ Ein Kleiber verkleinert die Öffnung des Nistplatzes.

❷ Transport von Rindenstücken für das Nest.

❸ Fütterung der ungen.

❹ Der Kleiber hat gerade eine Nuss eingeklemmt.

Der **Kleiber** (*Sitta europaea*) ist der einzige europäische Singvogel, der kopfüber an Baumstämmen hinunterlaufen kann. Als Spalten- und Höhlenbewohner* besetzt der Kleiber zum Nisten entweder Löcher in Bäumen oder natürliche Höhlen, am häufigsten in alten Ästen, ehemaligen Spechthöhlen oder auch Mauerlöchern. Der Kleiber nimmt auch Nistkästen an, am liebsten mit Vorsprung und einer Öffnung von 32 mm im Durchmesser, zwischen 2,5 und 6 m hoch in den Bäumen. Er kann aber auch weiter unten nisten. Seine Besonderheit ist, dass er das Einflugloch seines Nestes auf seine Größe passend verkleinert, indem er es mit feuchter Erde zumauert, die er an Spurrillen oder Teichen aufgenommen hat. Das macht er auch mit den Seitenwänden und Rändern der Nisthöhle, insbesondere bei Nistkästen. Aus diesem Grund nennt man ihn in Frankreich auch zurecht den „Maurervogel“.

Im Inneren baut das Weibchen ein sehr rudimentäres Nest aus Bruchstücken von Rinde und Falllaub. Ein Gelege pro Jahr, zwischen April und Juni, besteht aus sechs bis acht weißen Eiern mit rötlichen Sprenkeln. Sie werden 14 bis 18 Tage vom Weibchen bebrütet. Die Jungen sind Nesthocker*, die nur mit einem spärlichen grauen Flaum bedeckt sind. Sie verlassen das Nest nach 19 bis 28 Tagen und werden weitere 14 Tage später flügge. Geschlechtsreif sind die Vögel im Alter von 1 Jahr.

Er ist zwar ein Einzelgänger, aber man sieht den Kleiber immer auch in der winterlichen Runde der Meisen, Goldhähnchen, Baumläufer und Buntspechte. Als aktiver, akrobatischer Vogel klettert er flink in die oberen Äste der Bäume. Er nutzt auch Furchen in der Rinde, einen hohlen Stumpf eines Astes oder abgebrochene Stangen als „Schraubstock“, um Samen, Zapfen, Flügelnüsse, Haselnüsse und Walnüsse hineinzustopfen und sie mit kräftigen Schnabelhieben zu schälen.

MEIN FREUND, DER EFEU

Die grünen Vorhänge des **Efeu** (*Hedera helix*) sind allseits gut bekannt, weniger bekannt sind seine gelbgrünen Blüten und die schwarzen Früchte. Die Pflanze gehört zu den spätesten Blühern und aus diesem Grund ist sie eine wertvolle Nektarquelle für die Bienen. Außerdem bildet der Efeu später noch endständige, kugelige Dolden schwarzer, mehr als 6 mm dicker „Beeren" (Steinfrüchte) aus.

Man darf nicht glauben, dass der Efeu an gesunden Bäumen schmarotzen würde. In Wirklichkeit nutzt er die Bäume als Kletterstütze, manchmal kommt es aber vor, dass junge Äste unter seinem Gewicht abbrechen. Efeu klettert ebenso gerne auch an Zäunen oder Asthaufen oder er heftet sich an alte Mauern und alte Häuser. Nur da kann er zwischen die Steine kriechen und sie lockern. Weil sich die Efeu-Blüte manchmal bis in den Dezember erstreckt, ist er bei den Diptera (**Fliegen**) und den **Bienen** an sonnigen Spätherbsttagen sehr beliebt, wenn der Nektar ansonsten rar ist. Die fast den gesamten Winter hindurch an der Pflanze hängenden Steinfrüchte sind für viele Vogelarten eine wichtige Nahrungsquelle, vor allem für **Mönchsgrasmücke**, **Drosseln** und **Ringeltauben**. Für manche nächtlichen Jäger wie **Waldkauz** und gelegentlich auch **Schleiereule** ist das dichte immergrüne Laub, das sich um den Stamm eines alten Baumes legt, ein günstiger Platz, wenn sie sich auf der Suche nach Ruhe während des Tages verbergen und schlafen möchten. Andere wie der **Zaunkönig** suchen das immergrüne Blätterdach zum Schutz und zum Nestbau auf. Die kleine **Tannenmeise** liebt die Kombination von Efeu, Moos und Nadelbäumen, um dort ihre Nahrung zu finden. **Kohlmeisen** untersuchen das dichte Laub auf Insekten. Der Rückschnitt von Efeu ist daher keine gute Idee. **Bieten wir dem Efeu daher den Platz eines guten Freundes in unseren Gärten!**

Efeu als Nahrungsquelle und Zuhause zahlreicher Vogelarten:

Oben ein blühender Efeu, das Manna für Bienen.

Unten die „Beeren" (Steinfrüchte) des Efeus als willkommene Vogelnahrung im Winter.

1 Kernbeißer (*Coccothraustes coccothraustes*)
2 Waldkauz (*Strix aluco*)
3 Ringeltaube (*Columba palumbus*)
4 Schleiereule (*Tyto alba*)
5 Kleiber (*Sitta europaea*)
6 Singdrossel (*Turdus philomelos*)
7 Blaumeise (*Cyanistes caeruleus*)
8 Mönchsgrasmücke (*Sylvia atricapilla*)
9 Tannenmeise (*Periparus ater*)
10 Kohlmeise (*Parus major*)
11 Zaunkönig (*Troglodytes troglodytes*)

1
2
3
4
5
6
7
8
9
10
11

ABGESTORBENE BÄUME & ALTE STÜMPFE

Ein toter oder greiser Baum ist ein seltenes und komplexes Ökosystem. Er ist ein unersetzbarer Bioindikator, wenn es um die Bestimmung der Artenvielfalt eines Lebensraumes geht – und das sogar im Garten. Ein alter hohler Baum oder ein Baumstumpf verdienen ihren Platz wie jeder andere Baum in Ihrem Garten. Wenn er wirklich ungünstig platziert sein sollte, schneiden Sie den Baum in natürlicher Form zurück oder kappen Sie die Krone und lassen Sie den Stamm stehen, so dass er sich zersetzen kann und dabei der wilden Fauna ein Zuhause bietet.

Ein alter oder toter Baum bietet einer reichen Fauna Rückzugmöglichkeit und Nahrung und gehört unbedingt in einen Naturgarten. Von oben nach unten werden seine Löcher und Spalten von nachtaktiven Greifen und Säugetieren besetzt, darunter **Waldkauz** oder **Siebenschläfer**. Tiere wie bestimmte **Fledermausarten** ziehen in die natürlichen Höhlen des Baums ein. Sie jagen nachtaktive Insekten wie Nachtfalter, Wickler, Spanner oder Schnaken, weshalb sie so nützlich sind. Der **Buntspecht** findet sich sicherlich ein, um sich von den Holz fressenden Insekten im alten Holz zu ernähren, und **Meisen** oder **Kleiber**, die höhlenbrütenden Singvögel, können ihre Nachkommen in den vorhandenen Löchern aufziehen, während sie große Mengen von Insekten fangen, darunter Läuse, Raupen, Maden und andere Larven. In der Kategorie der bemerkenswerten Käfer ist der **Hirschkäfer** ein Fan von verrottendem Holz, weil die Weibchen ihre Eier darin ablegen. Aus den Eiern schlüpfen nach wenigen Wochen die Larven, die sich danach 3 Jahre lang im toten Holz entwickeln, bevor sie erwachsen sind. Der nicht so bekannte **Balkenschröter** bleibt oft unbemerkt. Das gilt auch für Arten wie den **Echten Widderbock** oder auch den **Wespenbock**, die eine verwirrende Ähnlichkeit mit den Wespen haben und sich sogar auf gleiche Weise fortbewegen. Am Fuß des alten Baums haust die **Blindschleiche**, eine beinlose Eidechse, an kühlen, dunklen Stellen und in Löchern. Sie kommt in der Dämmerung hervor, um Nacktschnecken, Würmer und Asseln zu fangen und somit ihrer Aufgabe als Nützling im Naturgarten gerecht zu werden. Während seiner nächtlichen Streifzüge schleicht auch der **Dachs** um den alten, toten Baum auf der Suche nach Futter.

Wenn der Baum schließlich umstürzt, wird er langsam eins mit dem Waldboden und die Spuren seiner Existenz leben noch lange im Boden fort – in Form von reinem Humus. Das merke ich auch in den baumbestandenen Partien meines Geländes. Meine Beobachtungen bestärken meine Einschätzung, dass die Tierwelt für die Zersetzung des Holzes und damit gleichzeitig für die Regeneration meiner Hecken und Wäldchen immens wichtig ist. Und was im Kleinen in meinem Garten gilt, gilt ebenso in großen Wäldern oder bei den globalen Stoffkreisläufen.

Insekten spielen die Hauptrolle in diesem Prozess. Zum einen hängt ihr **Auftreten von den Wirtspflanzen** in meinem Garten ab. Zum anderen wird die Verteilung der Insekten vom Mikroklima beeinflusst, von schattigen oder sonnigen Stellen auf und unter der Borke, wo die Temperaturen geringer sind, oder auch vom Boden, weil dort die Verwirbelung von Luft geringer ausfällt.

Abgestorbene Bäume sind in allen Etagen belebt.

Zu den Zahlen siehe Seite 79

1
2
4
3
7
8
6
5
14
10
12
9
15
11
16
17
13
18

1

2

3

4

5

6

7

8

9

10

11

12

13

14

15

16

17

18

ABGESTORBENE BÄUME UND ALTE STÜMPFE – RETTUNGSINSELN DES LEBENS

1 Waldkauz (*Strix aluco*)
2 Kleiner Abendsegler (*Nyctalus leisleri*)
3 Braunes Langohr (*Plecotus auritus*)
4 Siebenschläfer (*Glis glis*)
5 Baummarder (*Martes martes*)
6 Buntspecht (*Dendrocopos major*)
7 Schwarzspecht (*Dryocopus martius*)
8 Kleiber (*Sitta europaea*)
9 Kohlmeise (*Parus major*)
10 Tannenmeise (*Periparus ater*)
11 Zaunkönig (*Troglodytes troglodytes*)
12 Echter Widderbock (*Clytus arietis*)
13 Hirschkäfer (*Lucanus cervus*)
14 Wespenbock (*Plagionotus arcuatus*)
15 Balkenschröter (*Dorcus parallelipipedus*)
16 Blindschleiche (*Anguis fragilis*)
17 Feuersalamander (*Salamandra salamandra*)
18 Dachs (*Meles meles*)

HÜBSCHE PANZER

Aus Sicht der Artenvielfalt belegen die **Käfer** unangefochten Platz eins. In meinem Naturgarten findet eine beachtliche Menge an interessanten Arten ein Zuhause nach ihrem Geschmack vor, insbesondere unter aufgestapeltem Totholz oder verrottendem Holz. Viele sind für den Gärtner wertvolle Nützlinge. So werden die Eier der Nackt- und Weinbergschnecken von den meist dunkel gefärbten **Laufkäfern** (*Carabus* sp.) und nahe damit verwandten Arten gefressen. Der **Schwarze Moderkäfer** (*Ocypus olens*) oder auch die **Goldleiste** (*Carabus violaceus*) gehören dazu.

Andere wie der **Gemeine Rosenkäfer** (*Cetonia aurata*) oder der **Pinselkäfer** (*Trichius zonatus*), die sich in ihrem adulten Stadium von Pollen und Blütenblättern ernähren, sind bestäubende Käfer. Ihre Larven sind weiße „Würmchen“ und ähneln den Larven von **Maikäfern** und **Hirschkäfern**. Sie ernähren sich ausschließlich von organischen Stoffen in Zersetzung.

Trotz der oberflächlichen Ähnlichkeit mit den Wespen, die teils sogar das Bewegungsbild einschließt, fliegen der **Echte Widderbock** (*Clytus arietis*) und der **Wespenbock** (*Plagionotus arcuatus*) gelegentlich in Naturgärten und saugen dort den Nektar der Blüten. Bei dieser Gelegenheit legen die Weibchen dort ihre Eier ab, sofern sie Totholz finden. Die Larven ernähren sich während ihrer Entwicklung vom abgestorbenen Holz unterschiedlicher Baumarten.

1

2

1 Gemeiner Rosenkäfer
2 Goldleiste
3 Echter Widderbock
4 Schwarzer Moderkäfer
5 Hirschkäfer
6 Wespenbock
7 Gewöhnlicher Maikäfer
8 Pinselkäfer

3

4

5

6

7

8

Kampf der Hirschkäfer

Mit seinen immens großen Kiefern, die wie das Geweih eines Hirschs aussehen und denen er auch seinen Namen verdankt, ist ein männlicher **Hirschkäfer** (*Lucanus cervus*) in der Käferwelt unverwechselbar. Der Waldbewohner zeigt sich nur wenige Wochen im Frühsommer, wenn die Männchen sich zur Paarung eine Partnerin suchen. Zu dieser Zeit sieht man die kämpfenden Rivalen mit gekreuzten Mundwerkzeugen. Sie können einander sogar hochheben, indem sie sich in der Körpermitte packen. Die Weibchen legen ihre Eier in morsches Holz einer alten Eiche oder in den Stamm eines Obstbaums, dann sterben sie. Aus den Eiern schlüpfen wenige Wochen später Larven, die das morsche Holz zerlegen und sich davon ernähren. Die Larven verbringen mehr als 3 Jahre im Totholz, bis sie schließlich erwachsen sind.

NICHT VERWECHSELN: DER BALKENSCHRÖTER

Der Balkenschröter (*Dorcus parallelipipedus*) ist ein ziemlich großer mattschwarzer Käfer. Die Kiefer der Männchen sind nicht so ausgeprägt entwickelt wie die der Hirschkäfer, mit denen sie verwandt sind. Balkenschröter ähneln einem weiblichen Hirschkäfer, obwohl der Kopf größer ist. Sommerliche Hitze im Juli löst das Erscheinen dieser adulten Vertreter aus der Familie der Lucanidae aus. Im Vergleich zu den Hirschkäfern sind Balkenschröter in alten Laubwäldern, Parkanlagen und Gärten mit morschen Bäumen häufig vertreten. Weil er nachtaktiv ist, sieht man ihn dennoch selten. Von April bis September sucht der Käfer morsche Stümpfe von Hainbuche, Eiche, Ulme oder Buche, um die Eier abzulegen.

❶ Hirschkäfer.
❷ Balkenschröter, das Weibchen ist links im Bild, das Männchen rechts.
❸ Feuersalamander.

Die xylophagen* (holzfressenden) Larven leben in verrottendem Holz. Ihre Entwicklung dauert 3 bis 4 Jahre und dann beißen sich die Imagos mit den Mundwerkzeugen durch die Puppenhülle. Man sollte daher unbedingt die Stümpfe abgestorbener Bäume erhalten, um den Schutz dieser Art zu gewährleisten.

EIN UNVERKENNBARES KLEID

Eher dämmerungs- und nachtaktiv, meidet der **Feuersalamander** (*Salamandra salamandra*) sowohl Sonne als auch Wind und man sieht ihn tagsüber nur nach heftigen Regenfällen. Als Fleischfresser ernährt er sich von Raupen, zahlreichen Insektenarten, Weichtieren und Regenwürmern. Mit seiner langsamen Fortbewegungsart und seinem sanften und ruhigen Gemüt gehört er zu den landlebenden Lurchen, die man in feuchten, frischen Laubwäldern antrifft. An das Ufer von Gewässern wagt er sich nur zum Ablegen der Larven, oft im klaren Wasser eines Brunnens, Teichs oder an einem flachen Bachlauf. Obwohl er eine Amphibie ist, ertrinkt er leicht, wenn er das Ufer nicht wieder erklimmen kann, zu seinem Glück hat er vier Beine!
Der Herbst ist die beste Jahreszeit, um diesen Lurch mit Schwanz zu beobachten, der sich unter totem Holz, an alten, schattigen Mäuerchen, unter Gartenschuppen, in der Nähe von Wasseruhren, in Lüftungsöffnungen alter Keller und in Grotten versteckt.
Ein ländlicher Garten mit umfangreichem Laubbaumbestand kann ihn anlocken und er liebt es besonders, sich über den Winter zwischen alten Stümpfen zu verkriechen. In meinen verschiedenen Gärten habe ich immer darauf Wert gelegt, zum Schutz und Wohlbefinden der Amphibien möglichst viel Fallholz und alte Stubben an schattigen, kühlen Stellen zu erhalten. Tiere wie der Feuersalamander lieben die Feuchtigkeit, denn ihre Haut trocknet rasch aus.

Fraßspuren im toten Holz

Bei einem Spaziergang durch den Wald oder auch in Parks und Gärten fällt uns sicherlich ein alter Baum mit mehreren tiefen Löchern ins Auge, der unsere Neugier erregt. Diese Spuren erinnern uns nicht an einen Holzbohrer. Wenn man die Breite der Löcher über den gesamten Stamm hinweg und ihre eher rechteckige Form betrachtet, so verraten sie die Arbeit des **Schwarzspechts** (*Dryocopus martius*), der hier vielleicht Schwarze Rossameisen (*Camponotus herculeanus*) gesucht hat. Bei den betroffenen Bäumen handelt es sich überwiegend um Koniferen, aber auch Laubbäume wie Buchen.

Der **Buntspecht** (*Dendrocopos major*) kann ebenfalls Löcher zimmern, doch seine sind eher rundlich, kleiner und nicht so tief ausgehöhlt. Der Unterschied zwischen den beiden Spechtarten liegt auch in der Größe der Späne. Der Schwarzspecht fabriziert größere und mehr Späne, die man am Fuß des Baums findet. Er zerlegt auch Stümpfe oder die Stämme umgefallener Bäume. Unter der Baumrinde oder im Holz leben zahlreiche Insekten und xylophage* Larven, nach denen die Spechte gieren. Mithilfe ihres Schnabels hämmern sie auf die Stämme, um die Gänge der Insekten aufzubohren und sie dann mit ihren langen Zungen zu fangen.

1 Bohrlöcher des Buntspechts in einem alten Baumstumpf.

2 Buntspecht.

3 Löcher eines Schwarzspechts in einem noch stehenden, abgestorbenen Baum.

4 Schwarzspecht.

EINE MEISE MIT „HOCHFRISUR“!

Wenn man eine kleine Meise mit bräunlicher Oberseite sieht, mit weißbeigem Bauch und einer riesigen schwarzweißen Haube auf dem Kopf, die oft spitz aufgerichtet wird, dann hat man die **Haubenmeise** (*Lophophanes cristatus*) vor sich. Sie liebt Nadelbäume, lebt von den Tiefebenen bis hinauf auf 2100 m, in gemischten Nadelwäldern mit Tannen, Fichten, Kiefern und auch Lärchen, aber auch im Mischwald. Sie besucht auch Parkanlagen und Gärten, wo vielfältig gemischte Bestände an Nadel- und Laubbäumen wachsen.
Erstaunlich flink bewegt sie sich durch Kiefernzweige und untersucht dabei akrobatisch die Rinde und Borke der Stämme und die von Flechten überzogenen Äste. Sie sucht ihr Futter oft in den unteren Ästen der Bäume oder auf dem Boden. In der Deckung der Nadelbäume verspeist sie vor allem kleine Insekten in allen Entwicklungsstadien, darunter Nachtfalter, Spanner, Wickler und Zweiflügler wie Schnaken. Im Winter ergänzen die Samen der Koniferen ihren Speisezettel, vor allem in den Bergen.

Wie schafft man günstige Bedingungen?

Pflanzen Sie Wald-Kiefern, die in den Bergen gedeihen, und Lärchen. Erhalten Sie alte Stümpfe und tote Bäume, denn die Meise nistet in den natürlichen Höhlungen dieser Bäume, in Spechthöhlen, in abgestorbenen Stämmen oder in einem zerfallenden Stumpf mit Rissen und Spalten, wo sie sich ein Loch aushöhlt. Das Weibchen wählt den Nistplatz aus, säubert ihn und vergrößert ihn nötigenfalls, oder sie baut ihn völlig neu in morschem Holz. Interessanterweise passiert es auch, dass sie das alte Nest eines Zaunkönigs oder einen Geästhaufen bezieht oder sie nimmt Nistkästen vom Typ „ausgehöhlte Röhre“ mit einer Einflugöffnung von 27 mm an, die in 3 bis 4 m Höhe nicht zu weit oben in einem Baum hängen.

Die erstaunliche Haubenmeise mit ihrer aufgerichteten Haube ist eine geschickte Kletterin.

Wir sind Zwillingsschwestern

Die **Sumpfmeise** (*Poecile palustris*) mit dem Beinamen „Nonnenmeise" kann leicht wegen ihres Aussehens mit der **Weidenmeise** (*Poecile montanus*) verwechselt werden, doch der Gesang unterscheidet sich und sie bevorzugt totholzreiche Laubwälder. Bei der Weidenmeise, die regional auch „Mönchsmeise" heißt, gibt es zudem zwei Unterarten, die Weidenmeise *Poecile montanus salicarius*, die sowohl im Flachland als auch in den Bergen brütet, und die **Alpen-Weidenmeise** *Poecile montanus montanus*, die im Gebirge heimisch ist und sich bevorzugt in alpinen Nadelwäldern mit Beständen von Lärchen, Haken-Kiefern, Zirbel-Kiefern (Arven) und gewöhnlichen Fichten aufhält. Die Unterschiede zwischen den Zwillingsschwestern sind sehr gering und man muss sie sorgfältig betrachten. Am besten unterscheidet man sie anhand ihrer Alarmrufe und Gesänge.

Insgesamt haben die Weidenmeisen einen rundlicheren Kopf und eine mattere, schwarze Kappe, einen größeren schwarzen Kehllatz unter dem Schnabel und durch abgegrenzte, helle Armschwingensäume entsteht ein Flügelfleck. Der Hals ist dicker und die Deckfedern sind nicht so lang, weshalb die vollständig weißen Wangen sich zu beiden Seiten des Halses entlangziehen. Daher sieht der Hals gedrungener aus.
Die Sumpfmeise hat eine glänzend schwarze Kappe, die weißen Wangen sind nicht so breit, weil sie sich zum Hinterkopf hin dunkelbraun färben. Der Kehllatz ist kleiner und die Flügel einfarbig.

Die **Sumpfmeise** baut ihr Nest gerne in Löcher mit kleiner Öffnung in den Bäumen, darunter ehemalige Spechthöhlen, selten auch einmal in einen Nistkasten. Dazu bevorzugt sie schmale Röhren-Nisthilfen mit 26 mm Eingangsöffnung, die in mittlerer Höhe angebracht sind. Wenn sie weiches Holz vorfindet, kann sie das Einflugloch und die Höhle vergrößern. Um ausreichend Nahrung (Insekten) zu finden und um zu nisten, benötigt die **Weidenmeise** verrottende Stämme und morsche Bäume, deren Holz sie mit dem Schnabel aushöhlt. Beim Aushöhlen des Nests reißt sie Späne ab und wirft sie vor das Loch. Wenn die Höhle größer wird, trägt sie die Späne weiter weg, bevor sie sie fallen lässt. Weibchen und Männchen bauen die Nisthöhle gemeinsam.
Im Gegensatz zur Sumpfmeise zimmert sich die Weidenmeise also immer eine eigene Nisthöhle. Dort, wo beide Meisenarten heimisch sind, kann es passieren, dass das von einer Weidenmeise gebohrte Loch (zu erkennen an den unter dem Baum liegenden Spänen) von einer Sumpfmeise wiederverwendet wird. Das ist irreführend und kann zur Verwechslung der Arten beitragen.

1 Weidenmeise
2 Sumpfmeise

1

2

PILZE UND ABGESTORBENES HOLZ

Pilze sind keine Pflanzen, sie repräsentieren vielmehr eine eigene Gruppe lebendiger Organismen, die von Zersetzung leben: die **Saprophyten***. Tatsächlich wandeln sie die gewachsene Biomasse in Nahrungssubstanzen um, die von den Pflanzen absorbiert werden können. Kein einziger natürlicher Kreislauf könnte ohne ihr Zutun funktionieren. Pilze bestehen nicht nur aus den über der Erdoberfläche sichtbaren Teilen Fuß und Hut. In Wirklichkeit sind das nur die Fruchtkörper, um Basidien* zu entwickeln und die daran gebildeten Sporen zu verbreiten. Man könnte sie mit den Früchten eines Beerenstrauchs vergleichen. Sie bestehen weiterhin aus einem Myzel*, das unserem Blick gewöhnlich verborgen bleibt und aus fadenförmigen Zellen aufgebaut ist, den Hyphen*. Anders als Pflanzen können Pilze kein eigenes organisches Material aus anorganischen Stoffen aufbauen. Sie benötigen eine organische Nahrung, die sie durch das hineinwachsende Myzel aufnehmen können. Außerdem bilden bestimmte Pilzarten in quasi geheimer Komplizenschaft bei der Symbiose mit den Pflanzen ein Netz aus Mykorrhiza*. Die Hyphen wachsen um die Wurzelspitzen der Pflanzen und versorgen sie auf diese Weise mit Wasser und Mineralsalzen. Wenn sich die Pilze zersetzen liefern sie den Pflanzen Stickstoffverbindungen und Phosphate. Die Pilze profitieren ebenfalls von der Symbiose, denn ihre Partner versorgen sie mit Produkten der Photosynthese, insbesondere Kohlenhydraten.

Manche Pilzarten sind eng mit bestimmten Baumarten verbunden. Der **Birkenpilz** (*Leccium scabrum*) lebt in enger Symbiose mit dem Falllaub und dem Wurzelsystem lebender Hänge-Birken und der Moor-Birken. Wenn die Bäume sterben, besiedelt der **Birkenporling** (*Piptoporus betulinus*) die Stämme. Das passierte in meinem Garten.

Es ist nicht das Ziel dieses Buches, alle Pilze zu nennen, die auf totem Holz wachsen, aber ihre Zahl ist groß und sie vertreten eine erstaunliche Artenvielfalt. Man kann sich aber merken, dass einige Arten sich zur Etablierung einer kleinen Pilzzucht auf den alten Laubholzstubben eignen. Viele **Seitlinge** (*Pleurotus* sp.) wachsen optimal bei hoher Luftfeuchtigkeit, vor allem auf Buchen, Ulmen und Ahorn, vor allem der **Austernseitling** (*Pleurotus ostreatus*). Aber auch **Stockschwämmchen** (*Kuehneromycetes mutabilis*), die in Büscheln wachsen, und **Schüpplinge** wie der **Sparrige Schüppling** (*Pholiota squarrosa*), die das morsche Holz von Weide und Pappel lieben. Auch das **Judas-Ohr** (*Auricularia auricula-judae*) und **Rüblinge** (*Collybia* sp.) gedeihen auf totem Holz.

1 Porlinge an einer Birke im Garten.

2 Austernseitling.

3 Birkenpilz.

1

2

3

GESCHNITTENE BAUMKRONEN – KOPFBÄUME

EINE MARKANTE FORM

Bäume, die man als Jungbaum in 1 bis 3 m Höhe gekappt hat und die weiterhin regelmäßig geschnitten werden, wobei der Hauptstamm erhalten bleibt, nennt man Kopfbäume. Hecken mit derartig geschnittenen Bäumen verwiesen früher auf die Grundstücksgrenzen. Heute sieht man diese Kopfbäume nur selten und noch seltener findet man sie in Gehölzhecken. Es gibt aber Regionen, in denen sich der Kopfbaumschnitt noch erhalten hat, zum Beispiel am Niederrhein.

Die Pflege von Bäumen mit Kopfschnitt diente früher vor allem der Feuerholzgewinnung. Da viele Praktiken unserer Vorfahren aufgegeben wurden und es an handwerklicher Arbeitskraft mangelt, geriet die sogenannte Schneitelung* fast völlig in Vergessenheit. Die Besonderheit dieser Bäume ist das Fehlen von Ästen im unteren Stammabschnitt, was das Vieh daran hindert, junge Triebe abzufressen. Das vom Baum oben produzierte Holz kann als Feuer- oder Nutzholz verwendet werden. Im Grunde genommen, werden bei diesem Schnitt die Hauptäste der Krone abgenommen und man lässt nur den sogenannten „Safttrieb" stehen. Dies variiert je nach Baumart und kulturellem Erbe der Regionen. Dieser besondere Baumschnitt erfolgt im Spätwinter und im Laufe der Zeit entstehen an den Kopfbäumen Unebenheiten und Höhlungen, die einem erstaunlichen Reichtum an Tierarten als Unterschlupf dienen. Dazu gehören Fledermäuse wie das **Braune Langohr** (*Plecotus auritus*), der **Kleine Abendsegler** (*Nyctalus leisleri*) oder die **Zwergfledermaus** (*Pipistrellus pipistrellus*).

Der **Steinkauz** (*Athene noctua*) gehört zu den Vogelarten, die gerne in den Spalten alter Kopfbäume nisten. Das konnte ich im Schwemmland von Grée im Loire-Atlantique beobachten. Bei der Holzernte werden die Höhlen nicht zerstört und die gekappte Krone dient als Ausguck, solange die neuen Triebe noch nicht gewachsen sind. **Schleiereule** (*Tyto alba*), **Zwergohreule** (*Otus scops*) oder **Wendehals** (*Jynx torquilla*) finden darin ebenfalls geeignete Nistplätze. **Grünspecht** (*Picus viridis*) und **Buntspecht** (*Dendrocopos major*) bevorzugen ganz speziell diese Bäume.

Ich habe auch das **Hermelin** (*Mustela erminea*) am Fuß solcher Bäume umherspringen sehen und beobachtet, wie es auf die geschnittene Krone kletterte: ein idealer Ausguck, um in den umliegenden Feldern und Wiesen die Feldmäuse zu erspähen. Es wäre noch hinzuzufügen, dass geschnittene Äste, die als Haufen liegen bleiben, für dieses kleine Wiesel (und das mit ihm verwandte **Mauswiesel**) ein Geschenk des Himmels sind, weil sie sich gerne dazwischen verstecken – als Lager oder Fressplatz.

Wenn ein Baum mit Kopfschnitt bis zum Absterben altern darf, dann leistet er einen außergewöhnlichen Beitrag zur Artenvielfalt. Während dieses Prozesses können sich seltene und geschützte Käfer entwickeln, je nach Region sind das unter anderem der **Moschusbock** (*Aromia moschata*), der **Alpenbock** (*Rosalia alpina*) oder auch der **Eremit** oder Juchtenkäfer (*Osmoderma eremita*). Diese bedrohten Arten werden als Bio-Indikatoren für natürliche Ökosysteme betrachtet. Heute werden abgestorbene Bäume im Zuge der Landwirtschaft meistens systematisch geschnitten und ausgegraben, oder illegalerweise verbrannt, was noch schlimmer ist!

Spalten und Höhlen, die zahlreichen Tieren als Behausung dienen:

1. Braunes Langohr
2. Buntspecht
3. Grünspecht
4. Schleiereule
5. Kleiner Abendsegler
6. Wendehals
7. Steinkauz
8. Zwergfledermaus
9. Hermelin
10. Moschusbock

Auf dem Scheitel des Kopfbaums.

Beim Steinkauz

Klein und vom Aussehen her gedrungen, so präsentiert sich der **Steinkauz** (*Athene noctua*). Er hat einen großen Kopf mit flachem Schädeldach, gelbe Augen mit weißlichen Augenbrauen, was ihm einen ernsten Ausdruck verleiht. Steinkäuze sind an ihrem wellenförmigen Flug zu erkennen. Sie lieben gehölzreiche Landschaften mit Baum-Hecken, alte Obstgärten und Kopfbaumbestände von Weiden und Buchen, außerdem Offenland.
Vom Winter bis in den Frühling hört man den tiefen, klagenden Ruf „Kuwitt", den er vor allem bei Einbruch der Nacht mit anderen Rufen wie einem wiederholten „kiikiikii" als Alarm verlauten lässt. Auch Pfiffe und Kläffen lässt er regelmäßig hören. Der Gesang des Männchens ist eine Art „Kuhuhu", eher fragend und langgezogen klagend. Der Steinkauz ist teilweise tagaktiv und rastet gut sichtbar auf seiner Sitzwarte, einem Pfosten, Pfahl oder einem Gebäude. Er jagt meistens vom Ansitz aus, manchmal aber auch hopsend auf dem Boden, wo er Würmer fängt, die er mit dem Schnabel aus der Erde zieht. Sein Speiseplan ist bunt gemischt aus Insekten, kleinen Nagern und auch Vögeln.
Nach dem Verschwinden seiner Lebensräume (Weideflächen, alte Obstbaumbestände, Brachen) und seiner hauptsächlichen Beute (große Insekten) aufgrund des Einsatzes von Insektiziden, geht der Bestand an Steinkäuzen stetig zurück.

1

2

1 Steinkauz am Eingang seiner Höhle.

2 Nistplatz des Steinkauzes.

KOPFSCHNITT

Bei diesem Schnitt wird in einer Höhe von etwa 2 m der Haupttrieb des Baumes gekappt, sobald er eine Stärke von 5 cm erreicht hat. Das Auslichten erfolgt alle 2 bis 3 Jahre, so dass der Baum einen Kopf bildet (oben am Stamm). Danach wird im Abstand von etwa 8 Jahren ein Pflegeschnitt durchgeführt. Dabei werden alle Triebe gekappt, die sich am Kopf gebildet haben. Dieser Rückschnitt erfolgt oben und seitlich. Um diese Baumpflege mit Schnitt aller Äste durchzuführen, benötigt man geeignete Werkzeuge, damit ordentliche, saubere Schnittflächen entstehen.

Viele Arten lassen sich als Kopfbäume schneiden. Am häufigsten sieht man **Korb-Weide**, **Silber-Weide**, **Sal-Weide**, **Esche**, **Eiche**, aber auch **Feld-Ahorn**. Außergewöhnlich sind **Linden** oder **Rosskastanien**.

In meinem Garten wende ich diesen Schnitt bei der Korb-Weide und der Sal-Weide an, weil beide Arten mir das biegsame und widerstandsfähige Material liefern, das ich für meine Gestaltungen im Garten benötige. Außerdem sind zwei Feld-Ahorn-Bäume in gleicher Weise geschnitten. Sie sind in eine der vielfältigen, frei wachsenden Hecken integriert, um die **Haselmaus** anzulocken, die sich in einem zylindrischen Nistkasten in der Nähe eines Haselbuschs aufhält. Ich experimentiere in *Meinem paradiesischen Garten* auch auf einer Fläche von 40 m² in einer Studie zur Biodiversität, ob sich die Gewöhnliche Hasel ebenfalls eignet.

Kopfbaum, hier eine Sal-Weide, vor und nach dem Schnitt.

Kopfweiden und ihre Bedeutung

In meinem Garten ist der Schnitt der Weiden, egal, ob es sich um eine gelbe, rote oder grüne Korb-Weide oder eine wilde Sal-Weide handelt, leicht gemacht und liefert mir die für meine Gestaltungen sehr nützlichen Kopftriebe. Siehe dazu die Fotos unten und nebenstehend. Auch wenn man die Bäume wie in diesem Fall jung schneidet, können sie viele Arten anlocken. Das zeigt zum Beispiel das Amselnest unten rechts, das im Frühling vor diesem Winterschnitt gebaut wurde.

1 Ein Moschusbock neben der Spalte, aus der er gerade hervorgekrochen ist.

2 Larven von Bockkäfern, die sich in Gängen unter der Baumrinde entwickeln.

Eine Käferart der Kopfweiden

Im August weckten in der uralten Weide, die in der nördlichen Hecke steht, ein rundes Loch und eine längliche Spalte meine Aufmerksamkeit. In der Nähe bemerkte ich einen Käfer. Auf den ersten Blick erinnerte er mich an einen **Großen Eichenbock** (*Cerambyx cerdo*), aber der lebt in erster Linie auf Eichen und ist riesig groß. Dann dachte ich an den **Mulmbock** (*Ergates faber*), aber der besiedelt lieber Koniferen, vor allem Kiefern.

Aus der Nähe bemerkte ich Unterschiede zu den genannten Arten, vor allem bei der Struktur des Panzers (Deckflügel) und des Pronotums* (Halsschild, das Thoraxsegment hinter dem Kopf). Ich war dabei, wie ein Tier aus dem Nymphenstadium kam, wobei der Körper weich aussah. In der Nähe des Käfers sah man auch Gänge im Baum unter der Rinde. Nun, die Larven beider Arten ernähren sich xylophag* und entwickeln sich vor der abschließenden Metamorphose 3 bis 4 Jahre lang unter der Rinde. Aufgrund der ziemlich kurzen Fühler handelte es sich wohl um ein Weibchen, die der Männchen sind länger. Unter den belaubten Ästen der Hecke ist es nicht immer leicht, die Farben des Körpers zu erkennen, aber die rauen Deckflügel des Insekts waren bronzefarben mit Kupferglanz. Und noch dazu lebte er auf einer Weide!

Ich sah mich dem einzigen in Europa heimischen Vertreter der Gattung *Aromia* gegenüber, obwohl seine Länge fast 40 mm erreichte. Es war ein schönes Exemplar des **Moschusbocks** (*Aromia moschata*), der oft in Gärten vorkommt. Er lebt auf Laubbäumen, insbesondere Weiden. Der Name geht auf das angenehm nach Moschus riechende Sekret zurück, das diese Art absondert. Wie andere Bockkäfer wird auch diese Art immer seltener.

EXTREM GUT GETARNT: DER WENDEHALS

Nachdem ich 10 Jahre in der Region Clisson im Departement Loire-Atlantique vergeblich nach dem Wendehals Ausschau gehalten hatte, konnte ich nach meinem Umzug in das Departement Isère Anfang der 1990er-Jahre gleich ein Pärchen im Walnussbaum zwei Schritte neben meinem Haus in den Mooren von Chirens beobachten!

Der **Wendehals** (*Jynx torquilla*) ist ein nachtaktiver Zugvogel und ich bemerke seine Rückkehr und Anwesenheit im Frühling meistens erst durch seinen monotonen, stechenden Gesang des „kei-kei-kei-kei-kei…“. Wäre der Wendehals in dieser Jahreszeit nicht solch ein Schreihals, bliebe er unbemerkt. Obwohl in Wirklichkeit ein Specht, sieht er wie ein Singvogel im Tarnkleid der Baumrinde aus – und die Tarnung ist erstaunlich! Er klettert nicht wie andere Spechtartige mit der Stütze seines Schwanzes, sondern verhält sich wie ein Singvogel und läuft über horizontale Zweige, wo er mit seiner Zunge Insekten von der Rinde fängt. Ich sehe ihn auch regelmäßig mit gespreiztem Schwanzgefieder auf der Suche nach Ameisen auf dem Boden umherspringen. Besonders ist an dem Vogel, dass er seinen Hals schlangenartig drehen und wenden kann, woher auch der volkstümliche Name rührt, und dass er das Kopfgefieder bei Bedrohung oder Gefahr igelförmig aufstellt. Er bewegt sich mit raschem, leicht wellenartigem Flug.

Ich musste auch 25 Jahre warten, bis ich ihn beim Nisten in einem Kasten beobachten konnte. Da der Vogel selbst keine Nisthöhle bauen kann, greift er auf Nistkästen mit kleiner Öffnung zurück, aber er nimmt auch gerne natürliche Höhlen mäßig weit oben in Bäumen an oder Spechthöhlen in 3 bis 6 m über dem Erdboden. Das Innere putzt er sorgfältig aus, und geht soweit, andere Hausbesetzer zu verjagen.

1

Ich habe für ihn extra zylindrische Nisthilfen des Typs „ausgehöhlter Stamm“ aufgehängt, vor allem in einer mit Efeu bewachsenen, alten Sal-Weide, in einem Trompetenwein und einer Glyzine. Er liebt solche Bäume, aber auch Streuobstbäume, Alleen in Parkanlagen, Hecken mit Baumveteranen wie Kopfbäume, Waldränder am Laubwald, wo sich ideale Brutbedingungen mit geeigneten Baumhöhlen im Halbschatten an Rasenflächen und ameisenreichen Wiesen bieten.

❶ Vom Wendehals aufgesuchte alte Sal-Weide.

❷ Der außergewöhnlich gut getarnte Wendehals bei der Ameisenjagd mit seiner langen Zunge.

❸ Ein Altvogel bringt im Schnabel Puppen von Ameisen für den Nachwuchs in der stammähnlichen Nisthilfe.

❹ Wendehälse können auch Nistkästen nutzen, hier ein Nistkasten mit Vorbau.

Hilfe für die Schleiereule, die Eule mit Herz

Nachts sieht man gelegentlich für einen kurzen Moment die gespenstische Silhouette der **Schleiereule** (*Tyto alba*) im Lichtkegel der Autoscheinwerfer. Auf der Jagd überfliegt sie die Straße. Und das endet für sie oft tödlich. Die grasbewachsenen Ränder mit Gräben und Böschungen sind zum ergiebigen Jagdgebiet der Eulen geworden, doch sie riskieren hier den Zusammenstoß mit Fahrzeugen. Dabei würde es genügen, wenn man die Hecken entlang der ländlichen Straßen, vor allem in der Nähe von Dörfern und Weilern erhält und fachgerecht pflegt, damit die Eule beim Queren von Straßen höher fliegt und der Zusammenstoß mit Fahrzeugen verhindert wird. Ergänzend könnte man Parkanlagen und Gärten mit gemischten Hecken einfassen und sie sinnvoll pflegen. Damit würde in gewisser Weise das Ökosystem „Hecke" in direkter Verbindung zu umliegenden Wiesen und Weiden vervollständigt und könnte wenigstens in ländlichen Regionen zum Schutz der Schleiereulen auf ihrer nächtlichen Jagd beitragen. Sie könnte in diesem Lebensraum während des Winters auch tagsüber jagen, zumal die Überlebensrate der Vögel in harten Wintern sehr gering ist.

Die Zahl dieser wunderschönen nachtaktiven Vögel ist leider während der letzten Jahrzehnte stetig gefallen, auch wenn sie nicht direkter Verfolgung zum Opfer fallen. Die Vergiftung ihrer Lieblingsbeute (Mäuse) durch Pestizide und die Verringerung geeigneter Brutplätze kommen zusammen. Außerdem verschwinden ihre Jagdgebiete wie Viehweiden und gemähte Wiesen, wo sich die Kleinsäuger aufhalten, und die Eulen sind gezwungen, entlang der Straßen zu jagen, weil dort mehr Nager leben als in den benachbarten Feldern. Das alles führt dazu, dass diese wundervolle Eule „mit dem Herz" immer seltener zu beobachten ist und sie heute vom Aussterben bedroht ist.

Angesichts dieser alarmierenden Fakten ist es zwingend geboten, dichte, vielfältige Hecken entlang der Straßen zu pflanzen. Man muss auch das Umfeld dafür sensibilisieren und den Austausch mit der Land- und Forstwirtschaft anstreben, damit die Nutzung von Pestiziden endet und die Hecken entweder neu gepflanzt oder existierende Hecken mit Kopfbäumen restauriert werden. Der Kopfschnitt sorgt für Höhlen, die für diese Art günstige Nistmöglichkeiten schaffen. Und das alles zum Erhalt einer vielfältigen bäuerlichen Landschaft mit tradierten Methoden unserer Vorfahren, die bei der Pflege respektvoll mit der Artenvielfalt umgehen.

Wenn man Nisthilfen in geeigneter Größe hoch in den Bäumen aufhängt, dann ist dies an für die Art günstigen Standorten ebenso nützlich.

1 Die Schleiereule hatte lange Zeit zu Unrecht einen schlechten Ruf. Sie ist ein wunderbarer Greif mit faszinierendem (An)Blick.

2 Junge Schleiereule im Flug. Man kann auf ihrem Kopf noch die Flaumfedern sehen.

3 Harte Winter können für die Schleiereule tödlich sein! Ebenso wie die häufigen Zusammenstöße.

MEINE GESTALTUNGEN *mit* TOTHOLZ IM GARTEN

GASTLICHE BIOTOPE ANLEGEN

Heute muss man blind sein, um die Veränderungen der uns vertrauten Landschaften durch neue agrar- und forstwirtschaftliche Techniken sowie die verheerenden Auswirkungen der wachsenden Städte und der Tourismusindustrie nicht zu sehen, die selbst weit abgelegene Orte trifft. Als Erste leiden die Vögel unter unserem unüberlegten Eindringen und sie werden durch Zerstörung ihrer Lebensräume von der Natur abgeschnitten.

Ausgehend von der alarmierenden Tatsache der Auslöschung von Artenvielfalt, begann ich mit Recherchen, um einfache, wirkungsvolle und konkrete Lösungen zum Schutz der wildlebenden Fauna und Flora zu finden. Das Projekt *Mein paradiesischer Garten* ist das Ergebnis und es zeigt, dass es möglich ist, gastliche Biotope für die uns umgebende wildlebende Fauna anzulegen, und dass die steigende Anzahl an Arten sich nicht nur auf die Insekten in unserem Garten beschränkt. Eine ganze Welt wartet nur darauf, sich mit uns zu verbünden, solange wir nur das Leben um uns herum respektieren. Mit dieser Grundeinstellung von Harmonie und enger Zusammenarbeit mit der Natur möchte ich Sie einladen, sich meine Erkenntnisse und meine Gestaltungen mit Totholz im Garten anzusehen.

NÜTZLICHE TOTHOLZ-HECKE

Totholz-Hecken sind nichts Neues! Menschen haben sie zu unterschiedlichen Zwecken in der gesamten Geschichte genutzt. Seit der Erfindung der Landwirtschaft in der Neusteinzeit haben sich die Besitzer von Tieren des toten Holzes zur Einfassung von Weiden oder eines kleinen Stückchen Landes bedient.

Jahrtausende später, ab dem Mittelalter, nutzte man in Europa in Verbindung mit der Entstehung von privatem Grund die Totholz-Hecken, um den persönlichen Besitz einzufrieden oder abzugrenzen. Die Erfindung des Stacheldrahtzauns und schließlich die moderne Landwirtschaft führten in Westeuropa dazu, dass diese Praktiken verschwanden. Durch die Prinzipien der Permakultur wurden die Hecken in den späten 1980er-Jahren wiederentdeckt, vor allem durch den deutschen Ökologen Hermann Benjes. Daher werden diese Hecken auch als „Benjes-Hecken“ bezeichnet.

Das Prinzip ist höchst einfach. Man schichtet geschnittenes Geäst waagerecht zwischen zwei Holzpfosten, so dass eine Art Mäuerchen aus Totholz entsteht. Die Technik ist dem Flechten ähnlich, nur dass man totes Holz verwendet. Bei der gestalterischen Umsetzung kann man sich von den Erfordernissen, den gewünschten Effekten oder der gewünschten Ästhetik leiten lassen.

Hecken haben zahlreiche Vorteile:

- Entstehung ökologischer Korridore;
- Schaffung von geschützten Bereichen, also Unterschlupf für Insekten und Kleinsäuger und Schutz sowie Nistmöglichkeit für Vögel;
- Wiederaufbau von Humus, dank der Pilze und bakterieller Organismen oder Saprophyten*;
- Einladender Lebensraum für Nützlinge;
- Entstehung eines für Gemüse oder andere Pflanzungen günstigen Mikroklimas durch Schutz vor Wind und Wasser;
- Entstehung einer ländlichen Gestaltung oder Einfassung, die gleichermaßen optisch ansprechend, ökonomisch und nützlich ist;
- Entstehung einer Rankhilfe für Gemüsekulturen;
- Grundlage (oder Unterbau) einer lebenden Hecke.

1 Totholz-Hecken (Benjes-Hecken) dienten lange Zeit als Einfassungen, die zudem den Artenreichtum bewahrten.

2 Junge Meise verlässt ihr Nest in einem alten Bau einer Feldmaus unter einer Totholz-Hecke.

SCHRITT FÜR SCHRITT ZUR BENJES-HECKE

Zum Anlegen einer derartigen Hecke muss man das gesamte Schnittgut (Äste) der Hecken, Gehölzgruppen und sämtlicher Sträucher im Garten als Grundmaterial sammeln. Stärkere und mittelstarke Äste werden herausgesucht, von Seitenverzweigungen befreit und als Pfosten von etwa 1,20 m Höhe zur Seite gelegt, um daraus das Gerippe der Hecke zu errichten.
Durch eine derartige Hecke lässt sich beispielsweise ein Gemeinschaftsgarten mit Gemüse einfrieden und von einer Straße abtrennen.

1 Pfosten anspitzen.
2 Zwei Pfostenreihen im Abstand von etwa 2 m bis zur Höhe von 1 m in den Boden schlagen.
3 Äste aller Stärken ordentlich waagerecht aufschichten.
4 Danach – und das ist meine Neuerung – kann man an den Rändern Sträucher setzen, die gut schnittverträglich und biegsam sind, und die man in die Zwischenräume der Äste flechten kann, zum Beispiel Weide und Haselnuss. Sie verstärken das Grundgerüst und schmücken es im Laufe der Zeit mit schönem Grün.
5 Die Hecke 6 Monate nach dem Anlegen im Sommer 2021. Die Vegetation an den Rändern beginnt langsam dekorativ darüberzuwachsen, während sich die Hecke perfekt in die Landschaft einfügt.

1

2

3

4

5

DIE VÖGEL IN DER BENJES-HECKE

Infolge von Flurbereinigung und Ausweitung der intensiven Landwirtschaft sind viele Vogelarten bedroht, besonders die kleinen Singvögel. Früher boten die kleinen von Hecken eingefassten Parzellen einen idealen Lebensraum für Singvögel mit reichlich Nahrung und geeignetem Unterschlupf sowie Nistmaterial. Man kann manchen Vogelarten helfen, einen Ruheplatz und Deckung zu finden, wenn man in Ergänzung zu den frei wachsenden, aus unterschiedlichen Gehölzen bestehenden Hecken auch Benjes-Hecken anlegt. Diese Totholz-Hecken sind der Ausgangspunkt, weil hier das Holz aufgeschichtet wird und es für viele Arten als Nistplatz, Deckung und zur Futtersuche attraktiv ist. Es genügt, wenn man es zulässt, dass weitere Vegetation die Hecke besiedelt, denn manche vom Wind herbeigetragenen Samen von Bäumen und Sträuchern werden hier keimen und anwachsen. Später kann man diese dann trimmen und in das Gerüst der Totholz-Hecke einflechten. Damit erhält der Garten einen noch urtümlicheren, idyllischen Charakter wie bei den Feldhecken der Vergangenheit.

Verteilung der Vögel in den unterschiedlichen Lagen der Benjes-Hecke

1 Als typischer Vertreter für offene, sonnige Stellen liebt der **Bluthänfling** (*Linaria cannabina*) die Stauden-Wiesen und kann ein Charaktervogel der Benjes-Hecken sein.

2 Die **Klappergrasmücke** (*Sylvia curruca*) bevorzugt helle, baumbestandene Lebensräume mit vielen Hecken und Gebüsch, vor allem Dorniges wie Berberitze und Schlehen, deren Äste man in der Benjes-Hecke aufschichten sollte, um den Vogel anzulocken. Sie könnte sogar ihr Nest in der bodennahen Partie bauen.

3 Der **Zilpzalp** (*Phylloscopus collybita*) baut sein Nest gerne in niedrigen Sträuchern. Eine Benjes-Hecke eignet sich für ihn ebenfalls für dieses Vorhaben.

4 Die **Heckenbraunelle** (*Prunella modularis*) ist der Heckenvogel schlechthin. Es gibt keinen anderen, der sich so flink durch dichten Unterbewuchs oder eine Benjes-Hecke winden kann.

5 Zum Brüten bevorzugt die **Zaunammer** (*Emberiza cirlus*) sonnige, trockene Hänge mit einer Mischung aus Wiesen und Feldern, die arm an Bäumen sind, weil er stattdessen lieber viele Sträucher hat. Sein Nest ist relativ weit unten, mitten in Gebüschen gebaut. Eine Benjes-Hecke verschmäht er daher nicht.

6 Die **Amsel** (*Turdus merula*) ist gut an das Leben in der unteren Pflanzenetage angepasst, wo sie ihre Nahrung findet. Sie huscht auch geschickt durch die Benjes-Hecke, wo sie ihr Nest bauen kann.

7 Das **Rotkehlchen** (*Erithacus rubecula*) hält sich meistens in der dichten Vegetation auf und kommt nur selten aus der Deckung. Die Benjes-Hecke ist wie gemacht für den Vogel.

8 Für die **Goldammer** (*Emberiza citrinella*) ist die Benjes-Hecke ein Nistplatz erster Wahl. Normalerweise siedelt sich der Vogel in Mischgebieten mit Anbauflächen, Weiden, Hecken und Büschen an. Das Weibchen baut und versteckt das Nest unter getrocknetem Gras und Brombeerranken oder unter der Vegetation eines Gebüschs oder unter einer Benjes-Hecke.

9 Als großer Fan von Holz- und Ästehaufen fühlt sich der kugelige **Zaunkönig** (*Troglodytes troglodytes*) auch in der Benjes-Hecke sehr wohl.

10 Der **Fitis** (*Phylloscopus trochilus*) brütet in baumbestandenem Gelände oder bei lichten Sträuchern auf dem Boden. Er wählt Wiesen und feuchte Weidegründe voller Buschwerk, helles Dickicht oder niedriges Gestrüpp. Sobald eine Benjes-Hecke bewachsen ist, akzeptiert er diese als Kompromisslösung.

11 Die eher seltene und vereinzelt auftretende **Dorngrasmücke** (*Sylvia communis*) lässt sich gerne in niedriger Vegetation mit Brombeerdickicht und Gestrüpp nieder. Eine bewachsene Benjes-Hecke wäre für sie eine verlockende Alternative.

1
2
3
4
5
6
7
8
9
10
11

KUNST DER HECKENPFLEGE

In meinem Garten erlauben mir die fortwährende Beobachtung und die überlegte Pflege meiner Hecken eine verlässliche Einschätzung darüber, wie sie sich als Rückzugsorte der Artenvielfalt entwickeln. Sie zeigen, dass man durch die zweireihige versetzte Anpflanzung sowohl mit der horizontalen und der vertikalen Wirkung gestalterisch spielen kann, als auch den Effekt eines Waldrandes* schafft.

Leider zeigen der Gesundheitszustand der Feldfluren und ihr Aussehen die Tendenz, dass viele Hecken nicht auf die richtige Weise gepflegt werden. Sie illustrieren die fortschreitende Vernachlässigung und zugleich das Verschwinden der Pflegetechniken. Traditionelle Praktiken (Stockschnitt, Spalier, Säulen, Kopfschnitt) verlieren sich immer mehr oder sind der ertragsoptimierten Landwirtschaft hinderlich, die darin keinen Nutzen sieht, was sehr bedauerlich ist. Leider werden die Techniken auch bei anderen Heckenbesitzern wie beispielsweise den Gärtnern kaum angewandt oder sind überhaupt nicht bekannt. Aus diesem Grund gehen im Laufe der Zeit der Reichtum und die Vielfalt der wilden Hecken immer weiter zurück und der Nutzen der Hecken bleibt aus. Schließlich wird der Wert des Ökosystems immer mehr verringert.

---

* siehe zu diesem Thema „Gilles Leblais, Meine lebendige Hecke“, Verlag Eugen Ulmer 2024.

Andererseits würde ich sagen, dass die meisten Hecken in den Gärten heute fast „totgepflegt“ werden: zu häufiger Schnitt, hinsichtlich Wachstumsphase unüberlegter Schnittzeitpunkt und daher nicht an die biologischen und ökologischen Bedürfnisse der Arten angepasst. In den Feldfluren erfolgt die Durchführung manchmal mit schädigenden mechanischen Geräten. Das Ergebnis ist eine erhöhte Anzahl niedriger, quasi inexistenter Hecken sowie zerstückelte Hecken mit schlecht entasteten Bäumen in einer Reihe, die nur die Landschaft verschandeln. Außerdem sorgt der ungeeignete Einsatz von Rodern oder Mulchern in den niedrigen Partien des Bewuchses dafür, dass skelettierte Hecken entstehen, die ihrer Aufgabe und der Vielfalt gar nicht mehr gerecht werden.

1 Überlegter Sommerschnitt einer Hecke.

2 Schonungsloses Zurückschneiden.

3 Beschädigte oder abgerissene Äste nach dem Schnitt mit einem Heckenmulcher.

UNERSETZLICHE MÄUERCHEN AUS ÄSTEN

In meinen verschiedenen Gärten habe ich immer mit Totholz gearbeitet, da es sowohl in der Natur als auch im Ökosystem eines Naturgartens einen Schatz für die Artenvielfalt darstellt. Also habe ich die Prinzipien der Benjes-Hecken, des Schneidens und Verflechtens, mithilfe von Innovationen und eigenen Ideen an meine Gestaltungen angepasst.

Bei meinen Recherchen zur Vertiefung des Themas *Mein paradiesischer Garten* hatte ich die Gelegenheit, verschiedene gestalterische Ausführungen zu testen, bei denen ich totes Holz im Landschaftsgarten aus der Sicht sowohl der Naturbeobachtung als auch der Ästhetik in den Mittelpunkt stellte.

Der gesamte anfallende Baum- und Strauchschnitt sowie die bei Sturm herabgefallenen Äste werden wiederverwendet, um daraus Mäuerchen aus Astwerk und andere Gestaltungen nach dem Vorbild der Natur herzustellen. Meine Vorstellungen und Ideen zu diesen Gestaltungen entstehen immer durch meine Beobachtungen der Wildnis in unterschiedlichen Lebensräumen zu unterschiedlichen Jahreszeiten und Jahr für Jahr. Im Wald bezaubert mich der Teppich des Waldes mit alten, zu Boden gefallenen Ästen voller Moos und Pilzen; in den Bergen bewundere ich eine alte, abgestorbene Tanne voller Löcher des Schwarzspechts, die noch wie ein Totempfahl zu Ehren des Lebendigen aufragt.

Dank dieses verständnisvollen Blicks auf das Lebendige und das Wilde konzipiere ich meine Gartenelemente. Ich möchte die Menschen für die bedeutende Rolle und Funktion des toten Holzes sensibilisieren und den Artenreichtum unmittelbar vor meiner Haustür fördern.

1

2

Dieses Denken ist global und steht in Verbindung mit der Erde, die Handlungsansätze sind lokal und konkret, um zu zeigen dass totes Holz „sauber", schön und erstaunlicherweise sehr lebendig und reich an wertvollen, vielfältigen Arten ist.

AUFBAU

Alles hängt von der Menge des Totholzes in meinem Garten ab, das ich an unterschiedlichen Stellen nach dem Astschnitt sammle oder nach dem Herabfallen vom Boden zusammentrage. Ich lege sorgfältig Schnittholz oder besonders geeignete Äste zur Seite, um daraus die Pfosten zu machen, die das Gerüst des Flechtwerks bilden. Später muss man sie lediglich anspitzen, um sie leicht in den Boden schlagen zu können. Sie bilden den Kern für alle Mäuerchen aus Geäst. Bei einigen Elementen habe ich auch den Metallzaun an meiner Grundstücksgrenze einseitig als Stütze oder Befestigung verwendet.
Nun dienen alle im Winter gewonnenen „Ruten" der zurückgeschnittenen Austriebe von Korb-Weide, Sal-Weide und von anderen Bäumen mit Kopfschnitt zum Einflechten und Verflechten zwischen den Pfosten auf jeder Seite des Mäuerchens, das ich gerade errichte. Idealerweise legt man ein solches Flechtwerk an einem sonnigen Wintertag ohne Frost an, damit die Biegsamkeit des geschnittenen Holzes erhalten bleibt und die Anlage zeitlich mit dem Kopfschnitt der Bäume zusammenfällt. Der Winter ist die beste Jahreszeit für die Schneitelung*, weil die Pflanzensäfte dann noch nicht wieder aufgestiegen sind. Ich schneide und verwende auch lange Triebe der Haselnuss und den aufbewahrten Holunderschnitt aus Hecken und Wäldchen.

1 und 2 Zwei Beispiele für Mäuerchen aus Geäst in meinem Garten.
3 Vorbereitung der Äste für die Mäuerchen.
4 Mäuerchen während der Errichtung.

EIN KREIS VOLLER ENERGIE

Die Idee zu dieser Gestaltung einer kreisrund angelegten Mauer aus Ästen drängte sich mir geradezu auf, um eine Wildblumenfläche mit einem schon fertigen Steinkreis à la Stonehenge würdig zu vollenden. Eher intuitiv erkannte ich den Nutzen dieser Struktur an diesem besonderen Gartenplatz, nachdem ich durch Beobachtungen in der Natur inspiriert war. Diesen Kreis zu gestalten hieß, dass ich die meinem Garten innewohnende ureigene Energie verstärkte und einen Fluss positiver Wellen in der Form eines Wirbels in Gang setzte, der für die biologische Vielfalt und mein Wohlbefinden gut ist. **Der Kreis hat unglaubliche Kraft!**

Alles, was wir tun, hat immensen Einfluss auf unseren Planeten und sein Ökosystem. Wenn Sie ihn schützen wollen, müssen Sie lediglich die Natur betrachten, um das wunderbare Zusammenspiel alles Lebenden zu verstehen, und es im Garten nachbilden.

Schritt für Schritt zur Verwirklichung

1. Ich spitze die Pfosten an.
2. Ich schlage die Pfosten bis auf eine sichtbare Höhe von 60 bis 70 cm mit einem schweren Hammer in den Boden ein. Der Abstand sollte etwa 50 bis 60 cm betragen und die Pfosten versetzt stehen. Die Tiefe/Breite des Mäuerchens wird nach Belieben für einen möglichst ästhetischen Anblick gestaltet.
3. Zum Flechten zwischen den Pfosten verwende ich die geschnittenen Triebe der Kopfweiden und anderer Kopfbäume. Das ist nicht das einzige Holz. Auch die langen Triebe der Haselnuss und des Holunders aus den Hecken sind willkommen. Ich beginne mit dem vorhandenen Totholz, indem ich es regelmäßig und in gleicher Weise auf beiden Seiten des geplanten Mäuerchens zwischen die Pfosten flechte, damit sukzessive eine identische Höhe entsteht und die Basis des Flechtwerks fest wird. Dann geht es folgendermaßen weiter:

Nach der Realisierung entstand durch den energiegeladenen Kreis aus Ästen zusätzlich zu dem Beitrag zur Artenvielfalt eine neue ästhetische und kraftvolle Dimension im Garten.

4. Bevor ich den weiteren Astschnitt in die geflochtene und verfestigte Struktur einfülle, verteile ich am Boden eine mindestens 5 cm dicke Lage Gehölzhäcksel und/oder Sägemehl.
5. Ich staple alle beim Schnitt angefallenen Zweige waagerecht zwischen den Pfosten.
6. Danach kann ich wie bei der Benjes-Hecke (siehe oben) schon angewachsene Weidenstecklinge als spätere Querverflechtung setzen und damit das Grundgerüst verstärken und im Lauf der Zeit begrünen.

SCHUTZ FÜR MEINEN GEMÜSEGARTEN

Nach 13 Jahren treuer Dienste brauchte mein Gemüsegarten eine Überholung, die ästhetisch ansprechend, dauerhaft und günstig für die Artenvielfalt sein sollte. Das für viele Gartennützlinge verlockende Totholz schien mir als Baumaterial logisch, damit der Gemüsegarten unter der Obhut der Nützlinge stehen würde und ich eine sinnvolle Verwendung von Geäst für die Einfriedung rundum fände.

Schritt für Schritt zur Verwirklichung

1. Ich spitze die Pfosten an.
2. Ich schlage die Pfosten bis auf eine sichtbare Höhe von 60 bis 70 cm mit einem schweren Hammer in den Boden ein. Der Abstand sollte etwa 50 bis 60 cm betragen und die Pfosten versetzt stehen. Die Tiefe/Breite des Mäuerchens muss etwas geringer ausfallen als beim Kreismodell, um Platz im Gemüsegarten zu gewinnen und einen schöneren optischen Eindruck um die Beete herum zu erzielen.
3. Ich flechte geeignete Äste zwischen den Pfosten hindurch. Dazu verwende ich Weidenschnitt, die langen Triebe der Haselnuss oder auch Kastanienäste. Ich ziehe die Flechtwände langsam durch regelmäßiges und identisches Flechten auf beiden Seiten in die Höhe.
4. Bevor ich den weiteren Astschnitt in die geflochtene und verfestigte Struktur einfülle, verteile ich am Boden eine mindestens 5 cm dicke Lage Gehölzhäcksel und/oder Sägemehl.
5. Ich staple alle beim Schnitt angefallenen Zweige waagerecht und ordentlich ausgerichtet zwischen den Pfosten. Bei dieser Ausführung wird das Mäuerchen aber nur zur Hälfte gefüllt.
6. Danach fülle ich eine dicke Lage Falllaub ein.

Wenn die Mäuerchen aus Astwerk um den Gemüsegarten erst einmal fertiggestellt sind, werden sie zur wertvollen Kinderstube für die Nützlinge und zugleich schmücken sie den Garten, weil sie im Laufe der Zeit neue, originelle Plätze für die Kulturen bieten. Hier der erste Versuch mit Kürbispflanzen.

6. Abschließend verteile ich eine Strohschicht bis zum Rand, um mögliche Gemüsepflanzungen vorzubereiten. Wenn der Zeitpunkt gekommen ist, muss ich nur noch an einigen Stellen die Streu wegschieben, um reifen Kompost hinzuzufügen und die geplanten Gemüsepflanzen zu setzen.

1

2

3

4

5

6

7

MEIN FAZIT

ÖKOLOGISCHER REICHTUM RUND UMS HAUS

Zum Abschluss möchte ich ausdrücklich auf den engen Zusammenhang zwischen meiner vorherigen Publikation über Hecken* und diesem Buch mit dem Hauptaugenmerk auf Totholz hinweisen, denn in der Natur sind beide eng miteinander verbunden. Mehr als 40 Jahre der Beobachtung und Experimentierfreude in meinem Garten und damit Jahre, die ich gemeinsame Sache mit der wilden Natur mache, haben mir dies bewiesen. Sie dienten meiner eigenen Kreativität und führten damit zu Innovationen und zur direkten Verbindung mit der Energie der Natur. So kann man die positiven Auswirkungen sehen, die durch eine Zusammenarbeit mit der Natur bis vor die eigene Haustür entstehen.

Voller Begeisterung mit der Natur bis in den Garten hinein gemeinsame Sache zu machen, ist ein Zeichen der Hoffnung und der beste Weg, wirklich zum Schutz und zum Wiederanstieg der lokalen Artenvielfalt beizutragen. Ich konnte den ökologischen Reichtum von Mischwäldern betrachten, die kaum von Menschen bewirtschaftet werden, darunter auch Primärwälder. Außerdem habe ich den großen Nutzen eines der seltenen von Menschen gemachten Eingriffe gesehen, die in Übereinstimmung mit der Natur erfolgen: Feldhecken. Die Bauern hatten verstanden, wann es sinnvoll war, ihre Parzellen mit artenreichen Hecken einzufassen. Ich ließ mich von diesen beiden eng verwobenen Ökosystemen inspirieren, um in meinen Gärten Hecken zu setzen, die völlig der Artenvielfalt vor meiner Haustür gewidmet sind. Eine Staffelung in Höhe und Breite erscheint mir selbstverständlich, wenn man günstige Bedingungen für die Artenvielfalt schaffen möchte. Die Anzahl der Arten wird mit zunehmendem Alter der Hecken steigen. Ich konnte auch untersuchen und nachweisen, inwieweit eine möglichst gemischte Hecke einen immens reichen Lebensraum darstellt. Daher sollte jeder Gärtner, der etwas auf sich hält, oder jeder Eigentümer eines Grundstücks, egal ob unmittelbar am Haus oder andernorts, sich an die Pflanzung von Hecken machen, die nicht nur eintönige Mauern einer Pflanzenart ohne den mindesten Nutzen für Fauna und Flora sind. Es sollten wirkliche Mischungen von Sträuchern und Bäumen in aller Vielfalt sein. Ebenso ist es unabdingbar, totes Holz in all seinen Formen zu erhalten: aufrechte, abgestorbene Bäume, alte Stümpfe, Geäst und Holzhaufen. Sie sind das Kapital eines tatsächlich mit der Natur in Einklang stehenden Gartens. Das bedeutet auch, dass man die geschnittenen Triebe und anderes Schnittgut von Bäumen und Sträuchern erntet und nicht entsorgt, um daraus Rückszugsorte für die Biodiversität zu machen.

Ökologischer Reichtum entsteht aus der Fülle

Wenn man weiß, dass ein einzelner Baum vom Fuß bis zur Krone mindestens 100 Tierarten, von den ganz kleinen bis hin zu ganz großen, ein Zuhause gibt, dann versteht man auch die unglaubliche Rolle der Vielfalt der Pflanzenarten.

* „Gilles Leblais, Meine lebendige Hecke", Verlag Eugen Ulmer 2024.

Eine Fasanen-Henne schaut in meinem Garten auf dem 40 m² großen Versuchsfeld mit günstigen Kleinlebensräumen vorbei.

Eine Hecke mit unterschiedlichen Arten ist ein Miniaturwald in einer Linie, mit denselben Interaktionen wie im Lebensraum Wald. Je kräftiger, verwachsener und dichter sich die Hecke entwickelt, desto mehr pendelt sich das natürliche Gleichgewicht zwischen Boden (also Wurzelsysteme und Substrat) und Wipfel der höchsten Bäume ein. Sobald man blühende Arten, die auch Beeren oder Früchte bilden, Arten mit unterschiedlich geformtem Laub, stachelige Pflanzen, hohle Pflanzen, benadelte, belaubte, marzeszente* oder auch Immergrüne Arten einschließlich der Nadelbäume mischt, wenn man unterschiedliche Wuchshöhen vom Unterbewuchs aus krautigen Stauden unter der Hecke bis zur oberen Etage der Baumkronen einbezieht, mit Farben oder Texturen (Blätter, Rinde) oder der Wirkung des Übergangs wie bei einem Waldrand spielt, dann bietet man unzähligen Tierarten Unterschlupf und Lebensraum, weil man die Entfaltung einer ganz spezifischen Flora wie Wildblumen, Moose, Flechten, Pilze begünstigt, die alle von ökologischem Nutzen sind. Und man stellt das Gleichgewicht wieder her, das in einer gesunden Umwelt zwischen Beutegreifer und Beute, Bestäuber und Blüte, Nützlingen und „Schädlingen" (eine Kategorisierung des Menschen, die vielleicht zu relativieren wäre), Verwertern und Totholz existiert. Sogar die Struktur eines Baumes, die sich aus Wuchsform, Rindentyp, Geäst und Blattwerk zusammensetzt, bietet einer vielfältigen Fauna über die gesamte Höhe des Baums etliche Versteckmöglichkeiten, Rastplätze, Nahrung. Insbesondere die Vögel verteilen sich mit ihren Aktivitätsbereichen je nach Gewohnheiten, Fähigkeiten und Bedürfnissen von den niederliegenden Ästen bis hinauf in die Wipfel.

Nach nicht einmal 15 Jahren kann ich bereits eine bemerkenswerte ökologische Vielfalt feststellen. Heute bezaubern mich die Grundelemente (Hecken, Asthaufen, Totholz, Wiesen, Rasen, Naturteiche und Trockensteinmäuerchen), die ich in Ergänzung zum Bestand einiger alter Bäume auf meinem Grundstück errichtet habe, tagtäglich und zu allen Jahreszeiten durch ihren Reichtum als Lebensraum. Ich möchte die Tatsache betonen, dass Vielfalt und Fülle die Garanten für Biodiversität sind.

In meinen Hecken lässt sich dank der Höhe bestimmter Bäume (Birken, Buchen, Ahorn, Tannen…) der **Kernbeißer** nieder oder auch der **Girlitz**, der hohe Bäume wie Koniferen zum Nisten benötigt. Je mehr ein Garten in seinem Bestand einem Wald gleicht, desto eher bietet er einen hochwertigen Lebensraum mit einer außergewöhnlichen Artenvielfalt. Die Bäume ergänzen einander und arbeiten zum Wohl des Gartens zusammen, wodurch zugleich ein für die Fauna günstiges Ökosystem entsteht.

Als ich meinen Garten übernahm, konnte ich 7 bis 12 verschiedene Vogelarten während eines Jahres beobachten. Nun sind es 68 Vogelarten, wovon 31 Arten hier brüten. Manche bemerkenswerten Arten kommen als Gäste vor oder nach dem Brüten vorbei, darunter der **Trauerschnäpper**, der **Pirol** oder der **Wiedehopf** und andere. Ich darf auch Grasmücken bewundern, darunter die **Mönchsgrasmücke**, die hier nistet, die vorüberziehende **Dorngrasmücke**, oder den **Orpheusspötter** sowie die **Laubsänger** wie Fitis und Zilpzalp. Ich habe auch das Glück, dass **sieben Meisenarten** in meinen Bäumen und Sträuchern leben. Fünf Arten nisten hier, darunter die Blaumeise, die, Kohlmeise, die Tannenmeise, gelegentlich auch die Sumpfmeise und die Schwanzmeise. Zu ihnen gesellen sich während des Zugs oder im Winter auch Haubenmeisen und manchmal die Weidenmeisen. Vergessen wir nicht, dass alle Meisen ausgesprochen nützlich sind, weil sie je nach Jahreszeit und persönlichem Speisezettel vielfältige Beute machen. Im Frühling habe ich gesehen, dass Kohlmeisen innerhalb einer Stunde 30 bis 40 Spinnen und Insekten aller Arten zusammentragen, um ihre Brut zu füttern. Im Herbst beginnen sie mit der Jagd auf Nachtfalter, die sich unter der Borke verbergen, darunter Wickler, Spanner und Nachtfalter, die bei Obstbauern einen schlechten Ruf genießen.

❶ Überraschendes Treffen von Rotkehlchen und Gelbhalsmaus in der unteren Heckenpartie eines Gartens mit Totholz.

❷ Nach der Rückreise aus dem Winterquartier hält sich im Frühling ein Wiedehopf in meinem Garten auf.

Im Laufe einen Jahres sehe ich Vögel in allen Etagen meines Baum- und Strauchbestandes: Das **Rotkehlchen** und die **Heckenbraunelle** hüpfen durch das niedrige Gebüsch, während die Meisen sich über alle Etagen breit machen. Der **Eichelhäher** hält ganz oben in den Wipfeln Wache, während die **Finken** den Boden absuchen. Dank der gegenseitigen Ergänzung von Hecken und alten Bäumen konnte ich den **Waldkauz** als regemäßigen Brutgast begrüßen und manchmal sehe ich auch die **Waldohreule**. Einfach zauberhaft! Die Vogelarten, die in derselben Höhe leben, bevorzugen aber nicht zwangsläufig dieselben Baumarten oder dieselbe Beute.

In der Natur ist alles passend eingerichtet! Es gibt Konkurrenzen ebenso wie Allianzen. So werden invasive Populationen oder für das Ökosystem schädliche Ungleichgewichte in Grenzen gehalten, was sich bei den Spinnen, aber auch bei Schmetterlingen, Käfern und anderen Insekten sowie bei kleinen Säugetieren erkennen läßt.

Mit Beginn der Frühlingsblüte bei den frühen Sträuchern, zum Beispiel der Schlehe, besuchen bemerkenswerte Schmetterlinge wie das **Landkärtchen** die Blütenstände. Später, während der Blüte des Schneeballs kommen die glänzenden **Rosenkäfer**, und wenn danach der Holunder blüht, kommen kleine Bockkäfer. Diese natürliche Bestäubung funktioniert im gesamten Garten hervorragend, ganz besonders im Gemüsegarten ist die Kreuzbestäubung für die Kulturen günstig.

Und zum Schluss finden sich zahlreiche Insekten aller Größen in allen Etagen der Bäume, auf dem Boden, an den Stämmen, im Geäst und im Laub. Ich beobachte Käferarten, die altes Holz benötigen, darunter **Hirschkäfer** und **Balkenschröter**, außerdem die Bockkäfer wie der **Kleine Eichenbock**, **Moschusbock**, **Widderbock** und der **Wespenbock**, die Indikatoren für den Artenreichtum sind. Durch meine Gestaltung beherbergt der Garten etliche Säugetiere wir **Spitzmäuse** und **Igel**, die sich als Regulatoren gegen die unerwünschten Gartenbewohner wie Nacktschnecken nützlich machen. In meiner Hecke lebt außerdem ein oft verkannter kleiner Nager, die **Haselmaus**, als Beweis für die Artenvielfalt. Ich habe auch das Glück, dass ich regelmäßig einen **Feldhasen** zu Gesicht bekomme, der am Rand meiner Hecken einen idealen Platz für seine Sasse entdeckt hat. In meinem Garten geht es zu wie in der Landschaft rundum: Die Insekten des Gartens fressen Blätter, die Singvögel fressen die Insekten, der **Sperber** jagt die kleinen Vögel, **Feldmäuse** fressen das Gras und **Waldkauz**, **Turmfalke**, **Hermelin** und **Mauswiesel** fangen die Mäuse. Jeder hat seinen Platz in der Nahrungskette und je abwechslungsreicher die Haufen aus Geäst und Totholz werden und je vielfältiger sich die Hecken, Gehölzgruppen und der Baumbestand entwickeln, desto reicher wird das Leben.

Ich fahre nie zur Kompostieranlage, um meinen Pflanzenabfall zu entsorgen. Das Schnittgut des Winters ist wertvoller Baustoff für die Benjeshecken und die Haufen.

Heute sind mein Garten und alle Gehölze nicht nur eine Futterquelle für die Fauna, sondern auch für mich sind sie Quellen der Leckerei, Gesundheit und des Wohlbefindens. Es gibt viele Beeren, Früchte, Blüten, die sowohl Nahrung als auch Heilmittel sind. Dazu kommt noch, dass sie einer Menge Tiere Unterschlupf bieten, und die Gehölze selbst sind die Quelle für altes Holz. Ich lasse zu, dass sich der Baum- und Strauchbestand im Lauf der Zeit wie in einem Wald entwickelt, die herabgefallenen Äste werden den Boden düngen und das herbstliche Falllaub zersetzt sich zu Humus.

Auch Sie können ebenso wie ich auf einfache Weise zu diesem Phänomen beitragen, indem Sie gleich bei Beginn einer Pflanzung auch alte Stümpfe oder alte Äste platzieren, um der Fauna zu helfen, Lebensraum oder Verstecke zu finden, bis die Hecke gut genug gewachsen ist. Zudem entsteht unter meinen Hecken und Baumgruppen dank des Laubfalls und der toten Äste ein reichhaltiges Substrat für die Laufkäfer, die zu den gefährlichsten Jägern im Garten gehören.

Ab dem Spätwinter kommen sie als Erste aus der Hecke hervor, um die Eier und Larven von Nacktschnecken und

Schnecken zu verschlingen! Also werden Sie verstehen, dass Geäst und Totholz Schatzkammern für die Artenvielfalt sind. Manche Insekten erfüllen die Funktion von Zerstörern schweren Kalibers, beispielsweise der Balkenschröter oder der Hirschkäfer, die ab Juni im Garten erscheinen. Sie alle benötigen totes Holz, um sich zu vermehren. Das gilt ebenso für die Pilze, deren immense Bedeutung für den Reichtum des Bodens und für den Nährstoffaustausch mit den Bäumen durch das Myzel heute bekannt ist. Es überrascht daher in keiner Weise, dass verschiedenartige Gehölzbestände zusammen mit dem von ihnen produzierten toten Holz dafür sorgen, mein Grundstück und den Gemüsegarten zu beschützen: durch wertvolle Nützlinge wie Vögel und vor allem Insekten. Wir täten gut daran, uns dringlich der Umgestaltung unserer Gärten zuzuwenden, um Oasen der Artenvielfalt mit großem ökologischen Wert darin zu schaffen.

Mein Gemüsegarten im Winter mit seinem geflochtenen Mäuerchen, den Kulturbeeten im Winterschlaf, den Kopfbäumen kurz vor dem Schnitt, mit der gemischten Hecke im Hintergrund.

SERVICE

GLOSSAR

Basidien: Ständerartige Gebilde (bei Ständerpilzen), an denen sich die Sporen entwickeln.

Echo-Ortung: Manchen Tierarten eigene Methode der Lokalisierung von Beutetieren oder Hindernissen durch Töne (Schall) oder Ultraschall; die Beutetiere oder Hindernisse senden ein Echo zurück, welches die Ortung erlaubt.

Epiphyt: Auf anderen Pflanzen wachsende Pflanze, ohne daraus Nahrung zu ziehen (im Gegensatz zum Parasit).

Höhlenbewohner: Tier- und Pflanzenarten, die ununterbrochen in unterirdischen Höhlen, unterirdischen Gängen oder dunklen Lebensräumen leben.

Höhlenbrüter: Vögel, die (zeitweise) die natürlichen Höhlen von Bäumen nutzen und darin ihre Nester bauen.

Hyphe (Pilzfaden): Bezeichnung für einen einzelnen Faden des vegetativen Organes von Pilzen; in ihrer Gesamtheit nennt man sie Myzel. Hyphen sind verzweigte Filamente, die aus einer einzelnen Zelle bestehen. Sie können mehrere Zentimeter lang sein und umhüllen mehrere Kerne oder sind kompartimentiert.

Laufkäfer (Carabidae): Insekten aus der Ordnung der Käfer (Coleoptera). Manche Arten aus dieser Familie sind flugunfähig, weil ihre Deckflügel zusammengewachsen sind. Sie sind 15 bis 40 mm lang und überwiegend Jäger.

marzeszent: Wenn das Laub an der Pflanze verwelkt aber nicht abfällt (verzögerter Blattfall).

Mykorrhiza: Das Ergebnis einer Symbiose von Pilzen und den Wurzeln der Pflanzen.

Myzel: Gesamtheit aller Hyphen von Pilzen.

Nesthocker: Die Nachkommen dieser Vogelarten sind in der ersten Phase des Lebens vollständig auf die Versorgung durch die Eltern angewiesen (im Gegensatz zu den Nestflüchtern).

Plasmodium: Vielkernige Zelle, die durch Kernteilung ohne Zellteilung entsteht, das Ergebnis ist eine weiche, verformbare Plasmamasse mit mehreren Zellkernen ohne Plasmamembranen.

Pronotum: Oberseite des ersten Thoraxsegments bei Insekten, direkt hinter dem Kopf.

Saprophyten: Fäulnispflanzen, Humuspflanzen, Moderpflanzen, pflanzliche Fäulnisbewohner.

saproxyl: Von Alt- und Totholz abhängig.

Saproxylophagen: Organismen, die sich von Totholz ernähren.

Schneitelung: Spezieller Schnitt von Kopfbäumen, so dass der dicke kurze Stamm erhalten bleibt, die in den Vorjahren gewachsenen Zweige aber alle entfernt werden und der Baum an immer der gleichen Stelle wieder viele neue dünne Triebe heraustreibt.

xylophag: Holzfressend (z. B. die Larven von Käfern).

ZUM WEITERLESEN

Faßmann, Natalie: Naturgarten – einfach machen! Vielfältige Lebensräume für Igel, Wildbiene & Co. gestalten. Verlag Eugen Ulmer 2023.

Gastl, Markus: Permakultur und Naturgarten – Nachhaltig gärtnern mit dem Drei-Zonen-Modell. Verlag Eugen Ulmer 2021.

Hofmann, Helga: Richtig gute Insektenhotels – Nisthilfen für Wildbienen nach dem Baukastenprinzip. Verlag Eugen Ulmer 2021.

Hume, Rob: Vögel in Europa – über 500 Arten. Dorling Kindersley Verlag 2020.

Schäffer, Norbert und Anita: Vögel füttern im Garten – ganzjährig und naturnah. Verlag Eugen Ulmer 2022.

Schmidbauer, Heinz: Bildband: Ein Garten voller Vögel – Paradiese schaffen und der Vielfalt ein Zuhause bieten. Frederking & Thaler 2022.

Schwarzer, Elke: Heimische Pflanzen für den Garten – 100 Blumen, Sträucher und Bäume für Biene & Co. Verlag Eugen Ulmer 2022.

Schwarzer, Elke: Lass wachsen! Nachhaltig gärtnern, Artenvielfalt fördern, Ressourcen schonen. Verlag Eugen Ulmer 2024.

Steiger, Peter: Heimische Wildstauden im Garten – attraktiv und naturnah gestalten. Verlag Eugen Ulmer 2020.

NÜTZLICHE ADRESSEN

Projektgarten *Mon jardin paradis*
Der Garten des Autors und sein Ansatz zu einer Gartengestaltung im Sinne der Artenvielfalt. Dort führt Gilles Leblais Praktika durch und für die Öffentlichkeit ist der Garten auf Anfrage geöffnet.
www.gillesleblais.com
www.facebook.com/Gilles-Leblais-1695747510637374

Bio-Saatgut & Bio-Pflanzen
www.bionana.shop: Biologische Pflanzen & Saatgut für den Garten
www.naturgartenshop.com: Produkte für den Naturgarten

Gartenzubehör
www.waschbaer.de/shop/garten: Bio-Gartenbedarf für nachhaltiges Gärtnern
www.naturgartenshop.com: Produkte für den Naturgarten
www.andermatt-biogarten.de: Pflanzen & Gartenzubehör für den Biogarten

Naturschutzprodukte, Nistkästen & Wildtierfutter
www.vivara.de: Naturschutzprodukte und alles für Vögel
https://shop.deutschewildtierstiftung.de: Naturschutzprodukte
www.bundladen.de: Bio- und Fairtrade-Produkte
www.nistkasten-online.de: Nistkästen für alle Vogelarten
www.vogeltreff24.de: Vogelfutter für alle Arten
www.shop.erdenfreund.com: Igelhäuser, Nistkästen und Futterhäuser
www.gartenetage.de: Insektenhotels, Nist- und Futterhäuser

DER AUTOR

Als Ornithologe und passionierter Beobachter der Natur und ihrer wilden Bewohner arbeitet **Gilles Leblais** seit 1997 als professioneller Naturfotograf. Er schreibt, fotografiert und gelegentlich zeichnet er auch. Seine fotografische Vorgehensweise bei der Tierfotografie ist eher instinktiv und emotional als technisch. Er betreut Seminare zur Einführung in die Naturbeobachtung und -fotografie sowie Konferenzen und arbeitet mit verschiedenen Magazinen und Zeitschriften sowie Verlagen zusammen. Als Gründer des Projekts *Mein paradiesischer Garten* ist er gleichzeitig Berater und Lehrer der naturnahen Gartengestaltung. Er ist überzeugt, dass ein Garten unersetzlich für die Entfaltung des Menschen ist, denn er bietet den direkten Kontakt zur Natur direkt an der Terrassentür. Er betreut zudem regelmäßig Besucher sowie Praktikanten zu diesem Thema in seinem Garten und er führt auf Nachfrage gestalterische Eingriffe und Beratungen in individuellen Gärten durch. Als Waldspaziergänger und Naturfotograf mit unstillbarer Neugier ist er überzeugt, dass Verzückung der erste Schritt zum Respekt für die Natur ist. Dadurch lässt sich ein tief reichendes Bewusstsein für die brüderliche Verbundenheit aller Lebensformen entwickeln. In diesem Bewusstsein harmonisieren sich alle Aktionen spontan mit der Natur.

DANK & WÜRDIGUNG

An den Reichtum der Arten, die lediglich in Harmonie mit uns leben möchten.
An Christine für ihre Geduld, Unterstützung und ihr aufmerksames Ohr.
Für Yves, den knorrigen Baum, von der Natur gefällt …
Wo immer du nun bist, du bist am Leben, und ich weiß, dass dein kämpferischer Geist unseren schönen Planeten Erde zu erhellen weiß.

REGISTER

Bildquellen

Alle Aufnahmen von Gilles Leblais; mit Ausnahme der nachfolgend genannten:
Durand, Christine: S. 106/107 (Fotos 1, 2, 3, 4), S. 115 (Fotos 1, 2), S. 117 (Fotos 1, 2, 3, 6, 7) S.119, 129
Frei, Erik: Titelbild
Alle Zeichnungen im Innenteil nach Vorlagen von Gilles Leblais von Caroline Koehly.

Impressum

Die in diesem Buch enthaltenen Empfehlungen und Angaben sind vom Autor mit größter Sorgfalt zusammengestellt und geprüft worden. Eine Garantie für die Richtigkeit der Angaben kann aber nicht gegeben werden. Autor und Verlag übernehmen keine Haftung für Schäden und Unfälle. Bitte setzen Sie bei der Anwendung der in diesem Buch enthaltenen Empfehlungen Ihr persönliches Urteilsvermögen ein.
Der Verlag Eugen Ulmer ist nicht verantwortlich für die Inhalte der im Buch genannten Websites.

Anmerkung zur Schreibweise (Gendering): Gendergerechtigkeit und Inklusion sind bei uns gelebte Praxis – bei der Auswahl unserer Themen, bei der Recherchearbeit, in der Gestaltung. Unsere Texte meinen alle. Damit unsere Inhalte jedoch gut lesbar bleiben, verzichten wir in diesem Werk auf die jeweilige Mehrfachnennung oder Anpassung der Schreibweise bestimmter Bezeichnungen an die weibliche, männliche oder diverse Form.

Bibliografische Information der Deutschen Nationalbibliothek
Die Deutsche Nationalbibliothek verzeichnet diese Publikation in der Deutschen Nationalbibliografie; detaillierte bibliografische Daten sind im Internet über http://dnb.d-nb.de abrufbar.

Die französische Originalausgabe erschien 2022 unter dem Titel Gilles Leblais, Branchages et bois mort au jardin

Wollgrasweg 41, 70599 Stuttgart (Hohenheim)
E-Mail: info@ulmer.de
Internet: www.ulmer.de
Projektleitung: Doris Kowalzik
Übersetzung: Sabine Hesemann
Lektorat: Sabine Drobik
Herstellung: Stephanie Haun
Umschlaggestaltung: Marion Schreiber, www.marionschreiber.de
Satz: r&p digitale medien, Echterdingen
Druck und Bindung: Neografia, Martin, www.neografia.sk
Printed in Slovakia

ISBN 978-3-8186-2244-2